财务管理信息化策略与实践

马丽敏 著

哈尔滨出版社
HARBIN PUBLISHING HOUSE

图书在版编目（CIP）数据

财务管理信息化策略与实践／马丽敏著. -- 哈尔滨：
哈尔滨出版社，2025.1
ISBN 978-7-5484-7704-4

Ⅰ. ①财… Ⅱ. ①马… Ⅲ. ①财务管理-管理信息系
统-研究 Ⅳ. ①F275-39

中国国家版本馆 CIP 数据核字（2024）第 040641 号

书　　名：**财务管理信息化策略与实践**
CAIWU GUANLI XINXIHUA CELÜE YU SHIJIAN

作　　者：马丽敏　著
责任编辑：王利利

出版发行：哈尔滨出版社（Harbin Publishing House）
社　　址：哈尔滨市香坊区泰山路 82-9 号　邮编：150090
经　　销：全国新华书店
印　　刷：北京虎彩文化传播有限公司
网　　址：www. hrbcbs. com
E - mail：hrbcbs@ yeah. net
编辑版权热线：（0451）87900271　87900272
销售热线：（0451）87900202　87900203

开　　本：787mm×1092mm　1/16　印张：10.75　字数：200 千字
版　　次：2025 年 1 月第 1 版
印　　次：2025 年 1 月第 1 次印刷
书　　号：ISBN 978-7-5484-7704-4
定　　价：68.00 元

凡购本社图书发现印装错误，请与本社印制部联系调换。

服务热线：（0451）87900279

前　　言

社会信息化的快速发展使得各行业、各领域产生了重大变革,信息技术推动着中国经济及世界经济的信息化程度不断加深,尤其是计算机及互联网技术在会计行业中的应用,极大地提高了会计实务中的信息处理与信息传播速度,使得财务账户的信息管理与相关统计工作效率也得到很大程度的提升。在这一社会及行业发展背景下,企业的财务管理内容及方式也面临着新的发展与转型机遇,企业财务管理工作的信息化改革势在必行。会计行业与信息技术结合后,会使传统的会计流程及会计工作的管理发生本质上的改变,发展方向更加倾向于集约化、便捷化。如财务管理中的核算工作由传统的人工核算转变为计算机软件核算,计算机技术强大的数据处理能力使得会计核算效率大大提升,并且计算机软件可以实现核算工作的实时化与动态化。会计信息化并不是简单的计算机程序对人工会计工作的复制,而是信息技术对会计管理的各个方面的创新,从而提高企业财务管理的工作效率和工作收益。

本书共分为八个章节,首先对财务管理信息化的发展背景、重要性、结构框架、内容以及未来的发展做出了分析,财务信息化管理作为时代发展的大趋势,蕴含着重要的意义,对财务关系信息系统进行分析,明确信息时代财务管理平台以及对整个信息系统的开发和利用的方向,除此之外还对会计核算、出纳管理、账务处理、报表处理、筹资分析、投资决策分析、预算管理一体化等多个方面的信息化发展进行了阐述,在之后的章节中论述了财务管理信息化转变的过程中,财务与科技之间的协同必将升级,而财务这个行业也将诞生一批具有时代特质的信息化财务管理人才等相关内容。

目　　录

第一章　财务管理信息化发展概述 ·· 1

　第一节　财务管理信息化发展背景 ······································ 1

　第二节　财务管理信息化的重要性 ····································· 18

　第三节　财务管理信息化的内容及结构框架 ·················· 23

　第四节　财务管理信息化的未来发展 ······························ 25

第二章　财务管理信息系统分析 ·· 32

　第一节　财务管理信息系统概述 ······································ 32

　第二节　财务管理的实施步骤和管理系统介绍 ·············· 36

　第三节　信息时代的财务管理平台 ·································· 37

　第四节　财务管理信息系统的开发利用 ·························· 41

第三章　会计管理信息化 ·· 45

　第一节　会计核算的信息化 ·· 45

　第二节　出纳管理的信息化 ·· 48

　第三节　账务处理的信息化 ·· 55

　第四节　报表处理的信息化 ·· 66

第四章　财务分析信息化 ·· 67

　第一节　财务分析概述 ··· 67

　第二节　企业筹资分析 ··· 78

　第三节　投资决策分析信息化 ··· 86

第五章　预算管理一体化 ·· 98

第一节　预算管理一体化建设的认识 ···················· 98

第二节　预算管理一体化存在的问题及对策 ··········· 101

第三节　预算管理一体化在事业单位中的应用 ········ 105

第四节　预算管理一体化改革实践与路径优化 ········ 111

第六章　财务管理信息化的应用分析 ···················· 115

第一节　企业级财务管理信息化应用 ···················· 115

第二节　整体财务管理信息化应用 ······················· 120

第三节　集团企业财务管理信息化应用 ················· 126

第四节　价值链级财务管理信息化应用 ················· 130

第七章　新形势下财务管理信息化的发展规划 ········ 132

第一节　财务管理与新信息技术 ·························· 132

第二节　财务与科技的信息化结合 ······················· 151

第三节　加强信息化时代的财务管理人才培养 ········ 156

参考文献 ·· 166

第一章　财务管理信息化发展概述

第一节　财务管理信息化发展背景

一、财务管理信息化的概念

（一）财务管理信息化的产生

管理信息化的发展过程中催生了财务管理信息化的产生与发展。20 世纪 50 年代，美国企业通用电气将计算机应用到了公司的工资计算中，这也是财务管理信息化开始的标志。经过 20 年左右的发展，到了 20 世纪 70 年代，国外大多数企业的财务工作已经应用了相关的信息技术。20 世纪末，MRPIJ、ERP 等软件已经发展得相对成熟，其中 20 世纪 90 年代的 ERP 系统中的财务管理模块已经从财务信息的处理扩展到了全球化、多层次的信息管理。

财务软件公司会根据企业的不同需求，进行个性化的财务软件开发，极少数的大型企业也会在公司内部成立本公司专属的财务软件开发部门。财务管理软件分为通用财务软件与定点财务软件两种，两者在核算功能上基本相同，都包含核算和非核算两种。财务管理软件通过对国际上知名企业的财务管理经验进行收集和总结，验证了其在财务管理的各环节中都具有很好的应用效果。

（二）财务管理信息化的含义

学术界和专家学者对财务管理信息化的定义和内涵有多种不同的表述和观点，其中较为典型的有以下几种。

一些学者认为，财务管理信息化就是财务人员利用现代科技，对企业管理工作进行优化，同时建立与流程相适应的财务组织结构。这样可以充分挖掘财务人员在信息管理方面的价值，深度利用企业的财务信息资源，从而提升财务活动的成效。我们可以更好地安排企业的财务活动，处理好各种财务关系，最终实现企业利益相关者的财务目标。这些学者认为这个定义包含两层含义。一方面，现代信息技术为财务管理提供了信息化的基础。另一方面，财务信息资源被视为企业的重要战略资源。

此外，学术界一致认为，企业利用现代科技构建财务管理信息系统，可以高效整合与综合财务信息，提升财务管理水平以及获得的经济收益。企业财务管理信息化不仅能够提高劳动生产率，同时，还能确保财务报告的准确性、真实性。通过财务管理信息化，可以快速输入财务数据，进行多次修订，并利用财务管理系统进行会计核算，编制各类会计报表，从而减少烦琐的手工记账及核算工作。此外，财务管理信息化的特点还可以减少财务处理的错误率，增强财务数据的可信度。另一方面，财务管理信息化的实施，也能够显著提升公司的管理品质和经济收益。使用财务管理信息系统，特别是内部管理工具，公司的财务人员可以实时、全面地掌握公司的资金、人力和物质资源的使用情况。这有助于提升公司的生产经营和财务管理的效果，从而提高经济收益。此外，公司的管理人员通过管理信息系统可以轻松、快速地查询各个分支机构的财务收支状况。

不少学者认为，财务信息化管理的价值在于能够充分发挥现代化高新技术的优势，以会计信息系统为核心，实现财务管理的高效性、准确性和网络化。他们提倡采用网络财务模式，在互联网背景之下，实现财务核算、控制、决策等现代化财务管理模式。其主要目的是优化财务管理信息化体系，整合企业的核心财务资源，以实现更高效的应用。同时，积极推动财务管理信息化也是当前企业管理中一项至关重要的工作，有助于加强企业管控、深化企业改革，以及规范和建立现代企业制度。

有学者认为，企业利用信息技术进行财务管理，即财务信息化，是指在企业财务管理的各个方面，通过现代信息技术建立信息系统，以提升财务管理工作的效率和经济效益。企业实施财务信息化，不仅能提高其经营管理水平，更能促进各项工作的深化发展，对国民经济的发展也能产生积极的推动作用。

通过对财务管理信息化含义的深入研究和探讨，我们发现学者们主要从引入信息技术的角度来理解财务管理信息化的相关含义。然而，作者认为财务管理信息化的内涵不仅仅在于技术的引入，单纯强调技术概念可能会使其实践陷入误区。财务管理信息化建设需要技术和管理的双重关注，这就好比煮饭一样，三分靠技术，七分靠管理。财务管理信息化建设不仅是计算机等信息技术的运用，更是企业进行流程再造和人才潜能发挥的过程。因此，需要组织的支持以确保其顺利进行，并调整财务管理的内容，将人才的管理与开发作为越来越重要的内容。同时，我们还应强调以人为本的理念在财务管理信息化建设中的重要性。财务管理信息化的实践需要技术和管理并重，不能单纯依靠技术。因此，我们需要从多个角度来探讨财务管理信息化的内涵和实践。

对于上述对财务管理信息化的定义,我们可以从以下五个方面加以理解:

1. 现代信息技术是企业财务管理信息化的基础

信息技术是应用信息科学的原理与方法来研究同信息有关的技术的统称。具体是指有关信息的产生、检测、变换、存储、传递、处理、显示通信等技术。财务管理信息化必然要包含现代化信息技术,否则财务管理信息化将无从谈起,而现代信息技术是构成财务管理信息化物质基础的一部分。

2. 将财务信息资源作为企业的重要战略资源

人类社会发展历经了三个经济时代,一个是农业经济时代,另一个则是工业经济时代,还有一个是信息经济时代。在农业经济时代中,主要是以农业经济为主,而土地自然而然地成了经济活动的重要战略资源;在工业经济时代中,工业的发展使资本成为经济活动的重要战略资源;在信息经济时代中,互联网的兴起预示着人类已经进入信息化时代,而信息则成为经济活动中,不可或缺的重要战略性资源。

财务管理旨在帮助企业提升价值增值,是以价值增值为目标而实施的综合管理,而管理的各种手段需要以各种反馈信息作为支撑,因此,建立财务信息化不仅能够大大提高财务管理工作效率,很大程度上能够提高企业的财务管理水平。

3. 以调动财务人力资源信息潜能为关键

经济学家与管理学家认为,在步入信息化时代中,人在企业中成为企业重要的信息人,依托于先进的信息化技术,对信息资源做出正确判断,从而进行创造性开发,使信息增值,使之成为重要的人力信息资源,这种人力信息资源在财务管理中,发挥着不可替代的重要作用,应当被财务管理所重视,它区别于传统的财务管理模式,财务管理信息化遵循着人本化管理理念,使财务管理实现开放式管理,充分发挥财务管理人员的作用,激发其潜能与积极性,从以往的被动角色抽离,逐渐向主动角色转化,主动参与到财务管理当中,担负起自身的职能与责任,从而使企业财务管理逐渐走向信息化管理道路,向一个新的层次跨越。

4. 相应的财务组织模式—学习型组织

财务管理信息化不是意味着完全依靠信息化技术,也不是单纯地依靠个人管理,而是需要一个完整且健全的财务组织,以顺应时代发展,这种财务组织能够实现企业再改造,彻底改造传统企业,也是近些年来,备受国外管理学界所关注的学习型组织。这种组织的优势在于充分注重个人潜能,并且还着重于强调团队精神,这种精神在企业中熏陶着每一个员工,使每个员工都乐于学习,从而使企业能够更好地适应信息化社会发展。

5. 利益相关者是服务对象

传统的财务管理旨在实现资本利益最大化,着重于追求资本持有者的利益,伴随着信息化社会的发展,人类已经步入信息化社会,在知识经济背景下,这一现象也终将会被打破,现如今,更着重于重视知识资本与人力资本,一方面,掌握了先进知识的所有者无论是对于企业的财务管理,还是企业的生存与发展,都具有十分重要的意义与作用,不甘心只沦为企业的雇员身份,更希望是与资本所有者站在相同的地位;另一个方面,掌握现代化先进技术的知识型人才,意味着能够对信息资源开发与利用,而更意味着对于企业有着极高的控制力,企业既需要考虑避免风险的发生,更需要考虑其积极性,所以提高其企业地位与待遇是大势所趋,这也意味着需要秉承着人本化管理,从而有助于促进财务管理信息化发展。

二、财务管理信息化的基础

(一)理论基础

1. 财务管理基本理论

财务管理与其他类型的管理不同的地方在于,它属于一类价值管理,是对公司在生产过程中的价值流动的操作。作为企业管理的特异领域,财务管理同时也是一项具有广泛性的管理任务。企业各方面的生产和经营活动的品质和成果在很大程度上能通过资金流动进行展现,通过合理的资金流动组织能积极推动企业各个领域的生产和经营活动。财务管理的各种价值评价,是公司经济决策的关键准则,而适时的资金供应组织,节约资金消耗,控制生产花费,合理分配利润,能够达到公司价值最大化的目标。

财务管理涉及多个方面,主要包括以下几个部分:财务预测、财务决策、财务预算、财务控制和财务分析。财务预测是根据财务活动的历史数据,结合现实的需求和条件,对企业未来的财务活动和财务成果进行科学的预计和测算。财务决策是指财务人员在财务目标的总体要求下,通过专门的方法从各种备选方案中筛选出最优方案。在市场经济环境下,财务管理的核心是财务决策,财务预测为财务决策提供服务,决策对企业的发展和成败具有重要意义。财务预算是运用科学的技术方法和数量手段,对目标进行综合平衡,制定主要计划指标,拟定增产节约措施,协调各项计划指标。财务预算以财务决策确定的方案和财务预测提供的信息为基础编制,是财务预测和财务决策的具体化,也是控制财务活动的依据。财务控制是在财务管理过程中,利用相关信息和特定手段,对企业财务活动产生影响或调节,以实现预算指标,是确保预算任务完成和预算实现的有效措施。财务分析是根据核算资料,运用特定方法,对企业财务活动过程及其结果进行分析和评价的一项工作。通过财务分析,可以掌握各项财务计划的完成情况,评估财务状况,研究和掌握企业财务活动的规律性,提高企业管理水平,提高企业经济效益。

2. 信息化的财务管理模式

以往传统的财务管理模式主要是以手工为核心,现如今的财务管理理论体系是适合人工进行处理的。为了能够将计算机技术与财务管理充地融合在一起,并且实现现代化、信息化的财务管理,必须改进财务管理方式,使计算机技术的最大优势得到最大的发挥。以下将从多个角度、多方面论述计算机技术对财务管理方式的影响。

(1)对会计假设和会计原则的影响

随着信息技术的迅猛发展,会计理论的传统观念正面临着严峻的考验。如今,会计假设的扩展、权责发生制和历史成本原则都受到了冲击。现在,会计实体可以同时为多个组织进行财务核算,而不再仅仅局限于一家公司或组织。而对于网络公司和虚拟企业来说,持续经营这一假设已经不再适用,因此建立在持续经营假设之上的制度也无法适用。

(2)对财务管理信息分类的影响

财务管理需要的信息除了货币量化的财务数据外,还包括市场、人力资源、组织管理等非财务信息。针对这些信息的分类不能再根据其来源进行区分,应结合在决策过程中的作用,将其分成决策信息、基础信息、加工后信息。基本数据直接从财务管理系统的原始数据获取,虽然,经过处理后所获得的信息是对基本数据的简易加工,能够满足日常管理的需要,但是,决策信息则是以加工后信息与基础数据为核心逐渐推理和决策而得来的。

(3)对财务管理决策过程的影响

采用计算机进行决策分析的方法,对财务管理行为和决策过程的理论产生了深远的影响。目前的财务管理分析与决策模型,大多是针对企业的内部资讯而设计的。以往,企业内部无法进行信息化建设,无法从外部获得数据,并进行分析、决策。然而,如今信息化社会使得信息传递非常迅速,使得统计信息几乎可以实时接收。筹资和投资决策的制定过程,除了使用传统的财务管理理论来计算资金的成本和投资的收益之外,还可以结合统计和运筹模型进行更深入的分析。这些模型能够全面考虑企业外部的信息,运用相关理论进行验证,旨在获得更稳固的决策结果。信息化技术的运用能够减少财务决策中的主观影响,实现定量决策和人工智能的逻辑推理。虽然,诸多学者早已建立起多种数学模型,以便于对财务管理进行定量研究,但是,这些模型无法在企业中实现信息化应用,因此,还依然处于理论研究的阶段上。

(4)对财务人员的影响

信息技术的应用能够让财务人员直接从烦琐的核算工作中脱离出来,让他们有了更多的时间进行决策和财务分析。相比之下,传统模式下的财务岗位设置和分工有着明显的差异。此外,财务内部控制和互相监督的方式也发生了根本变化,关键在于财务人员与系统维护人员之间的权力分配。

(二)技术基础

1. 数据库技术

数据库是数据管理的最新技术,是计算机科学的重要分支,近年来,数据库管理系统已从专用的应用程序包发展成为通用的系统软件。由于数据库具有数据结构化、最低冗余度、较高的程序与数据独立性、易于扩充、易于编制应用程序等优点,较大的信息系统都是建立在数据库设计之上的,因此,不仅大型计算机及中小型计算机,甚至微型机都配有数据库管理系统(DBMS)。DBMS 通常要提供数据描述语言(DDL)和数据操作语言(DML)。DDL 用于定义数据库全局逻辑数据结构,包括所有数据元素的名字、特征及其相互关系,还定义有关数据库的安全、完整性措施。DML 则是用户存储、检索、修改、删除数据库中数据的工具。

数据库的类型主要有:网状数据库、层次数据库、关系数据库、面向对象的数据库等几种,其中当前应用比较广泛的是面向对象的数据库技术。面向对象的数据库将所有的控件视为对象(object),即表单、文本框、按钮、标签等等,定义对象的属性:即对象的性质,如长、宽、放的位置、颜色、标题、字体大小等等;事件(event):就是对对象所做的操作(或者系统对某个对象的操作),如按钮被按动(单击)、对象被拖动、被改变大小、被鼠标左键双击等等;方法(method):指对象所固有完成某种任务的功能,可在需要的时候调用。面向对象的数据库支持类、子类、对象、继承、封装、多态性等面向对象程序设计。

在数据库设计的过程中,通常会依据 ANSL/SPARC 提出的三层标准化的结构建议。与物理数据库最接近的内部模式,是由 DBMS 所提供的 SQL 来进行描述的。这种新概念模式是由多个内部模式共同组织而成的,是在数据库用户的规定下的集合。通常情况下,概念模式是数据库管理模式作用的边界,能够实现数据可用的物理意义,完成特定 DBMS 的特殊操作,并且,还能对外部的应用程序起到规范作用。

数据仓库(Data Warehouse)的概念是 20 世纪 90 年代初期提出来的,直到现在,仍在被不断地创新与完善。数据仓库是一种不断优化和丰富的解决方案,旨在解决企业经营管理中遇到的数据过多而信息匮乏的问题。美国专家 W·H·Inmon 将其定义为:"以主题为中心的、集成的、可靠的、不同时间的数据集合,用于支持决策制定。"数据仓库能够统一呈现来自不同渠道的数据,结合数据分析工具如数据挖掘和联机分析处理,不仅赋予用户自主获取信息的权利,还提供了丰富多样的数据分析和报表功能,同时有效地利用了企业数据,使得数据的价值得到充分发挥。

数据仓库将其中的数据分为以下五个层次:

(1)当前详细数据(Current detail data)

当前详细数据反映了当前发生的、用户所感兴趣的数据。当前详细数据往往是数量庞大的,一般存储在磁盘上,它可以被快速存取,但管理起来比较复杂而且成本比较高。

(2)历史详细数据(Older detail data)

历史详细数据是按照一定的格式存储在海量存储器上的,它们不经常被存取,被存储在一个与当前详细数据相应的详细水平上。

(3)轻度概略数据(Lightly summarized data)

轻度概略数据是从底层的当前详细数据提炼出来的数据,一般也存储在磁盘上。

(4)高度概略数据(Highly summarized data)

高度概略数据是高度压缩的,容易存取的数据。有时候高度概略数据可以被外部环境使用,有时候高度概略数据在当前数据库之外引用。

(5)超数据(Metadata)

超数据是一种包含无法从操作环境直接获取的重要特殊的信息资源。它的主要职责是协助决策支持系统查找数据库目录、提供数据库转换到数据仓库的引导数据以及指引数据仓库各层次数据的概略化算法。现在,由于互联网技术的普及,应用和信息的共享已成为可能,利用网络技术提升业务价值也成为信息技术的发展潮流。因此,在进行数据库系统的设计时,人们一直致力于获取决策所需的各类信息,并共享各类应用。基于网络的数据仓库应用能满足这些需求,因此,"网络+数据仓库"已成为当今企业构建分析和决策系统的最优方案。

2. 网络技术

当前采用的网络技术主要有三种:互联网(Internet)、内联网(Intranet)、外联网(Extranet)。这三项技术各有各的优势和缺陷,企业可根据各自的实际需求选择其组合,下面对这三种技术做简单介绍。

(1)互联网(Internet)

Internet 是当前国际上最大的计算机网络,自从 1994 年 Internet 迎来它的发展高潮后,最近几年它得到飞速发展,全世界联网国家愈来愈多,上网用户也成倍增加。现代化企业要想进行对外交流,要想增强自己的竞争实力,必须充分利用 Internet 的各种资源,充分利用它开拓自己的市场。

Internet 提供的服务主要集中在以下七个方面:①电子邮件(E-MAIL)。电子邮件是 Internet 所提供的最基本的服务之一,电子邮件传送信件速度快、花费少,同时还可以在线确认对方是否收到,是否阅读等。要通过 Internet 传送和接收电子邮件,必须申请一个电子邮件通信地址。②远程登录:连上 Internet 的任何一台计算机,不管它位于何处,均可很方便地与世界其他地方的任何一台计算机连在一起,使对方为自己服务,这称之为远程登录。远程登录所能享受的服务包括:数据库检索、共享软件、远程使用计算机资源等。③文件传输(FTP):使用 FTP 命令可以连接到 Internet 的资源库上,实现文件的远程传输。FTP 所传输的文件类型为多媒体型的,即可以传输图形文件、图像文件、声音文件、数据压缩文件等。④电子公告板和电子论坛:Internet 设有几千个电子公告板,人们可以往公告板上发送任何信息,也可以参加电子论坛,通过网络讨论问题。⑤新闻组:Internet 设立有专门的新闻组,供人们分门别类地从网络上获取各种新闻。⑥信息查询工具:Internet 上的信息工具种类繁多,最重要的有 GOPHER、WAIS、ARCHIE、WWW 等四种。⑦商业应用:利用 Internet 进行贸易已成为很多企业上网的一个重要理由。企业可以利用自己的 HomePage 来宣传自己及产品,也可查询供应商的信息并实现网络购物。

(2)内联网(Intranet)

Intranet 是公司内部的计算机网络,但它使用了 Internet 的一些标准通信协议及图形化的 Web 浏览器来支持企业内部的计算机应用,提供部门内部及部门之间的直至全公司范围的信息共享。这些通信协议包括超文本标志语言 HTML、超文本传输协议 HTTP 和 TCP/IP。Intranet 的中心是浏览器和 Web 服务器,在建立 Intranet 时,首要工作是选择和安装浏览器,这个工作实现并不难,目前流行的浏览器只有两种:Navigator 和 Internet Explorer,这两款浏览器的功能大同小异,且价格均相当便宜,它们的安装也极其简单。在安装浏览器后,就是建立 Web 服务器,即利用 HTML 生成 Intranet 网页,并建立链接关系,在 Web 服务器上增加各种功能。Intranet 的其他功能包括:文件传送、信息发布、电子邮件、用户与安全管理、网络新闻服务等。Intranet 用防火墙把自己限制在企业内部,从而保证了企业信息系统的安全性。但是,在使用防火墙时,虽然安全性得到提高,但同时也限制了防火墙外的用户、潜在的顾客和合作伙伴访问企业公开的和一定密级信息资源的自由,甚至将集团公司位于外地的子公司也挡在防火墙外,这种现象对企业显然是不利的,而采用 Extranet 技术却可以解决这个问题。

（3）外联网（Extranet）

Extranet 是 Intranet 网络概念和系统的进一步扩展,它借助于 Internet 网把企业网的联网范围扩大到远离企业本部的组织和部门,以及与企业关系密切的组织和部门,以使得企业与合作伙伴之间可以通过计算机网络共享信息资源,也可以通过 Extranet 实现电子商务。Extranet 不仅适合分布在不同地理位置的企业集团内部共享信息资源,而且适合企业与其供销链伙伴之间交换信息,同时还适用于企业的驻外部门与企业之间的数据通信。

建立 Extranet 网,应将企业的信息分成三类:第一类是仅供企业内部使用的专用数据,这部分数据要采用防火墙与外界隔离,但不会妨碍特殊虚拟专用网用户(子公司、出差在外的员工等)的进出;第二类是供企业的合作伙伴使用的半公开数据,这些合作伙伴包括集团公司的其他成员、用户、供应商、销售商等;第三类是任何人都可以访问的数据,这些数据不应包括企业的机密,应放在位于防火墙外的专用服务器上。

3. 管理信息系统

信息是经过加工处理后并对客观世界产生影响的数据,未经加工的数据是毫无意义的,将数据转换成对使用者有价值的信息的过程是非常关键的,信息系统就像一台机器将原料变成设计的产成品。

管理信息系统是一种将人类与计算机相结合的综合性系统,它能为组织的日常工作、管理与决策等方面提供全方位的信息支撑。该系统运用电脑软硬件,加上人工作业、分析、计划、控制、决策以及数据库等多种资源。管理信息系统的架构是一个整体,其中,包含了多个功能各异的系统,而每一个子系统中又包含了四个主要的信息处理模块。各功能模块分别建立了专用的数据档案,并提供了若干常用的数据库文件,以满足不同应用的需要。

随着管理层级的提升,对信息处理资源的需求也会随之改变。相较于战略规划,事务处理层面在处理时间和数据量等方面的需求更加关键。事务处理系统有助于内部信息的活动。这个概念可以用一个金字塔来形象地表示,金字塔的底部则是明确且具有结构性的规则以及决策,然而,顶部则是一些相对复杂的非结构性的处理与决策。底部的规则和决策主要适用于文书和基层管理人员,而顶部的复杂决策则主要适用于高级管理人员。

管理信息系统通过多年的发展演变,已逐渐演化成了决策支持系统

（DSS）。它是以管理科学、运筹学、财务控制理论和行动科学为依据,以计算机科学、仿真技术、信息技术等为支持,利用计算机科学、仿真技术、信息技术等手段,求解半结构性决策问题,为管理者提供决策帮助。它可以搜集和提供决策者所需的数据、信息和背景信息,协助决策者明晰目标、辨识问题、构建或修正决策模式、提出不同的备选方案、评价与筛选不同的备选方案。决策支持系统采用人机交互方式,对数据进行分析、比较、判断,从而为作出正确的决策提供了有力的支持。

（1）语言系统

决策者所运用的各种语言手段组成的体系被称为语言系统。这种语言系统不仅包括用来搜索数据的搜索语言,也包括用于模型运算的数字语言。决策者使用该语言系统中的语句、指令、表达式等进行决策,通过编写程序在计算机上运行以获得辅助决策的信息。

（2）知识系统

知识系统是针对特定领域内的知识进行归纳整理后的系统化资料,其中涵盖了大量与该领域相关的信息和知识。最基础的知识系统通常由数据文件或数据库构成。数据库中的每一条记录都代表着真实世界中的一项事实。这些记录按照一定的结构进行存储和组织。更深入的知识系统则涉及对特定领域的规律进行描述,这种描述通常采用定量方式,即构建数学模型。数学模型是用来描述客观事物规律性的重要工具,常见的表现形式包括方程、算法等。

（3）问题处理系统

问题处理系统是针对实际问题,提出解决问题的方法和途径,通过语言系统将问题以形式化的方式进行描述,并写出问题求解的过程。利用知识系统提供的知识进行实际问题的求解,最终得出问题的答案,并生成辅助决策所需的信息,为决策提供支持。

三、财务管理信息化发展的变革

（一）信息化时代推动财务组织模式的变革

财务组织一直在不断进行改革和完善,以适应技术的发展和信息化时代的到来。在当今信息化时代,财务组织的进化逐渐从业务财务、共享、专业、战略四个阶段,向外逐渐扩展。在这一阶段上,财务部门的职责将更加适应时代需求,例如利用大数据进行深度分析以及智能化共享运营等。财务组织将逐渐转变其运营模式,从僵化的运营转变为更加灵活和柔性的运营模式,为业务提供更加丰富且更为灵活的支持。

在当今高度信息化的时代,财务组织的主要特征表现为能够与各种高新技术紧密配合,例如云计算、大数据和机器学习等。一方面,高科技设备的正常运作离不开财务机构定期的维护与支援,例如负责数据管理与维护的数据运作团队和拥有算法学习技巧的财务建模团队等等。另一方面,财务部门也需要拥有熟练掌握资讯技术的团队,例如利用大数据技术进行风险控制的资讯技术团队和运用大数据技术预测资源分配的新型预算团队等。不过,由于资讯技术人才和相关资源尚未得到广泛应用,财务组织的转型并不容易。在信息化时代,合理的路径应当是前瞻性的组织架构变革先行,人员培养和获取随后跟进,最终建立新型财务组织。

(二)信息化时代带动财务人的认知升级

在信息化时代,如吴军博士在《智能时代》一书封面上所言:"2%的人将控制未来,成为他们或被淘汰。"这并不是危言耸听,对财务来说,这种变化一直在发生,只是未必有即将来临的事情那么剧烈。如财务从纯手工作业转变为高度的网络化作业也就发生在不到二十年的时间里,而其间又经历了会计电算化向财务信息化的转变。未来有三类财务人员会受到巨大的冲击,也必须面对认知的升级。

1. 财务高级管理人员,如 CFO 或财务经理

他们是整个财务组织和财务团队的灵魂,与业务的衔接也最为紧密。在他们的认知框架里,数据和信息化的重要性比重必须显著增加。一方面,一个没有大数据思维和算法思维的管理者将是不合格的,财务将无法应用新技术工具帮助企业提升价值;另一方面,作为业务的伙伴,当整个公司的经营都已经被信息化渗透后,如果财务还没有这方面的知识储备,面对的必须是不换思想就换人的窘境了。财务高层管理者需要深度理解公司战略在信息化时代所做出的转变,并能够主动在经营分析、资源配置等领域给予业务更好的支持。

2. 财务经营分析或预算管理人员

他们的传统价值在于驾驭数字,能够从中找到蛛丝马迹,为业务部门提供经营分析支持,或者通过预算、考核等手段推动业务改进绩效。但在信息化时代,更多经营改进的建议应当是通过人工智能进行大量数据分析后提出的,通过分析大量历史数据,从相关性中探寻规律,给出很可能靠人无法发现的绩效改进线索。而在预算管理上,资源配置的基础将由智能分析提供。对这一类人员来说,其曾经引以为豪的数字加工能力、数字敏感性等不再重要。如果要成为有价值的 2% 的人,就必须重新构建自身能力,在大数据、机器学习等方面

掌握业务建模的能力。

3. 会计运营人员，包括财务共享服务中心的员工

财务共享服务通过标准化、规模化的方式，将复杂的会计核算转化为生产线式的简单操作，这是信息时代发展的必然趋势。在当今这个信息化时代，共享服务中心逐渐成为主流，它们将进一步规范审核工作，甚至通过机器学习技术，让计算机在大量学习后自我生成作业规则。这就意味着，对技能人员的需求将进一步降低，会计运营人员可能会逐渐被边缘化，甚至被淘汰。只有极少数的人能够在此过程中脱颖而出，约占总人数的2%。这些人具备对规则进行深入分析、设计流程以及优化流程的能力。在信息时代，人们对财务人员的认知已经发生了巨大的变化，这已成为一个残酷的现实。

（三）信息化时代促进财务信息技术的晋级

随着信息化时代的到来，现代社会发生了巨大的变化。财务信息技术也深受其影响，并且在不断发展。目前，人工智能的关键因素为大数据与机器学习，然而，云计算为大数据与机器学习的计算能力提供了支持。因此，区块链等高新技术将会对财务管理造成直接影响。

为了满足大数据时代对信息系统的需求，需要加强数据的采集能力以及存储能力。因此，我们应当构建业务与财务信息系统高度对接的基础平台，确保财务信息系统在获取业务与财务数据时的完整性与准确性，并且，对非结构化的数据处理进行全力支持。同时，我们也需要引入新的数据储存技术，并最终加以应用。

在机器学习领域，我们需要找到合适的应用场景，降低技术实现的难度，使未来的财务管理人员能够参与到机器学习建模过程中。同时，应提前规划和积累可用于机器学习的财务管理场景数据，因为没有数据支持的机器学习是无法发挥实际应用价值的。

在云计算方面，一方面要充分利用云计算带来的强大算力，保证技术可行性；另一方面，利用云计算在基础设施服务、软件服务、平台服务等方面在企业财务信息化中发挥重要作用，例如降低财务信息化建设成本、提高应用部署的灵活性和速度，以及借助云服务获取最佳市场管理实践等。

此外，区块链等技术的出现有可能在业务与财务的一致性方面取得突破，并在跨境交易等领域解决现有财务技术模式下的一些难题。信息化时代是技术创新的时代，对于财务信息化而言，关键在于保持对技术的敏锐度，勇于创新，发掘更多的可能性。信息化时代已经来临，技术正在改变世界，财务领域也在发生变革，抓住机遇，顺应时代发展是明智的选择。

四、信息化时代财务管理的新"逻辑思维"

信息化时代的降临,使财务人与财务组织的认知发生了改变,同时,也改善了财务信息技术,更重要的是,改变了财务逻辑。这种从逻辑层面的改变,才是真正触及核心、直达灵魂的变革。面对信息化时代,如果你还在苦苦思索应该如何应对,那就让我们一起探索信息化时代的新逻辑吧。

(一)财务组织与认知的新逻辑思维

财务体系与认知是财务主体的核心与灵魂,当信息化时代洪流涌来,我们首先要做的就是强化自身、明确智慧,深刻理解财务体系与认知在信息化时代所发生的变革,这是财务信息化的基础和前提。让我们通过控制、组织、知识、观念这四个关键词,来探讨财务体系与认知的新逻辑。

1. 控制:局部与全面

现代财务管理控制在组织间的壁垒影响下受到了严重的限制,从集团到业务板块,再到专业公司,最后到各个机构,每个层次之间都存在着难以跨越的数据障碍。这样一来,当人员无法直接参与最末端的工作时,数据就成为我们实现集团控制的关键。然而,由于存在数据壁垒,使得控制力量在每一层都出现了减弱的情况。在信息化时代,数据将实现高度的集中和透明,数据的流通将不再受到边界的限制。当数据壁垒被消除后,财务管理控制必将从局部走向全面。这是信息化时代控制的新逻辑。

2. 组织:刚与柔

现代企业的财务机构在其运营过程中,通常会建立一套严格的制度化管理体系。这种体系将员工视为"经济人"或"会说话的机器",强调组织的绝对权威以及精细的专业分工。此类刚性管理模式主要依赖制度和职责权力进行运营管理,管理者则主要负责发布指令、监督并控制员工行为。然而,在信息化时代,我们更需要关注柔性组织。这种管理模式更加重视员工的创新能力和主观能动性,而不过度强调组织的权力和专业分工。它主要依靠共享的价值观和组织文化来激励员工,实现信息化时代所需要的跳跃与变化、速度与反应的管理。这是信息化时代组织所遵循的新逻辑。

3. 知识:纵与横

现代财务管理对财务人的要求首先是专业的纵深能力。由于财务管理本身涉及会计、税务、预算、成本等多个垂直领域,很多财务人常年围绕一个纵深领域工作,也因此形成了自身在某一领域很深入的专业能力。但在信息化时代,财务管理的视野将被极大地打开,人工智能能够辅助强化财务人的知识深度,而更多需要的是具有横向宽度,能够进行跨专业领域协同创新的新知识体系。在信息化时代,适度地纵深,积极地横向拓展,形成的 T 字形知识结构将更具有价值。这是信息化时代知识的新逻辑。

4. 观念:被动与迎接

当今社会,多数财务人员的观念仍然倾向于被动,他们严谨地处理和解决问题,并被视为后台角色,管理层和业务部门也认为财务只需做好自己的事情,解决问题即可。传统的被动观念和思维方式使得财务部门能够控制的资源非常有限,难以发挥出管理的推动作用。然而,随着信息时代的到来,大数据和智能分析变得越来越重要,财务部门需要更加注重主动发现和管理能力。为了适应这一变化,财务部门需要转变观念,从被动应对变化转向主动迎接挑战,逐渐转变为强势财务。这是信息时代观念转变的新逻辑。

(二)财务管理技术的新逻辑

管理技术是财务运作的基石。出色的管理技术能够赋予财务实体更强的生命力,更加充满活力。财务管理技术的转变将使财务更深地融入广泛的管理技术领域,从而掌握更先进、更有价值的工具。让我们从数据、计算、记录、流程和互联五个关键词来探讨财务管理技术的新思维。

1. 数据:小与大

传统财务数据处理和数据分析的重要性以及大数据的应用。传统财务分析领域的技术工具多基于结构化数据,也就是"小数据"展开。尽管在信息化时代,"小数据"仍是不可替代的核心,因为许多财务管理理论都是在其基础上构建的。然而,我们不能低估大数据的作用。借助大数据技术,我们能够处理大量的非结构化数据,这有助于我们超越传统的思维方式,探索更广阔的新领域。因此,在掌握"小数据"工具的同时,我们必须高度重视大数据的应用。这是信息化时代数据的新逻辑。

2. 计算:本地与云端

传统的信息系统或计算机系统大多是建立在本地部署的基础上,对于使用者来说,这种模式能更灵活地满足管理需求,并更好地支持个性化建设。然而,随着本地部署的规模不断扩大,运维成本持续增加,占用了大量企业资源。在以前,由于计算能力有限,这些问题并未造成严重困扰。在当前这个信息化的时代,大数据和机器学习等技术需要大量的计算能力来支持,而传统的本地部署模式已经无法满足这些需求。所以,云计算已经变成了一个重要的解决方法。不论是公有云、私有云还是混合云,向云端发展已经变成了一个无法避免的趋势。这是信息化时代计算的新逻辑和必然的发展趋势。

3. 记录:集中与分布

传统财务信息记录的方法是采用集中式记账,这种方式的优点在于数据存储需求较低,对资源消耗不大。但是,它的一大缺陷在于数据的安全性和一致性不够强,可能会导致业务和财务数据不一致,或其他系统间的同源数据出现差异。随着信息化时代的飞速发展,区块链技术取得了突飞猛进的进展,彻底颠覆了记账方式,将传统的集中式记账转变为分布式记账。这种创新模式采用了去中心化的多账本同步记录方式,虽然可能产生一定的数据冗余,但随着网络和存储科技的日新月异,这些问题已经得到了有效的解决。展望未来,分布式记账将横扫众多应用场景,这是信息化时代记录的新准则。

4. 流程:稳健与敏捷

在保持传统财务流程的可靠性方面,人们通常会选择进行流程固化来确保流程的稳健性。这样做切实增强了流程的可靠性和维护的便利性,但在一定程度上牺牲了流程的灵活性以及对客户需求快速响应的能力,可能导致客户满意度下降。在信息化时代,由于流程引擎的效率得到提升,因此可以支持更加丰富的流程控制尺度,并且在动态数据的分析基础上,能够实时调整流程控制参数。与此同时,智能自动化处理环节的增加使得流程变动对运营造成的影响更小,这正是信息化时代流程的新逻辑。

5. 互联:数联与物联

传统的财务管理主要关注数字之间的关系,但数联时代可以将经营管理过程与流程逐渐转换成数字化的形态,从而实现量化管理。在信息化时代,我们可以在数联的基础上加入物联的概念。随着物联网技术的逐步普及,公司运营中的重要物品、运输、人员、财务单据等信息流动,都可能打上了物联标志。当物流数据逐步转换为数字信息之后,人们就能够利用数字进一步加以分析,从而形成新的不易关注到的管理视角,例如更加复杂的货物运输成本管理。虽然物联与数联并不是彼此互相排斥,但在这里强调的是结合物联转化为数联,在数联里加入有关物联的信息。

(三)财务管理实践的新逻辑

管理实践是财务主体的手足。手足敏捷能够帮助财务主体变得更加刚劲有力。财务管理实践的逻辑转变,能够让我们在实践工作中引入不同的视角,通过另一种模式对现有的实践进行转换和升级。让我们从绩效、预算、管会、控本、业财、共享、财资七个关键词来看财务管理实践的新逻辑。

1. 绩效：因果与相关

在传统的金融管理中，通常首先明确因果关系，再通过设定关键业绩指标（KPI）和制定目标数值，对各业务部门的操作情况进行了解。一旦 KPI 的结果有所出入，就要追踪其起因，并进一步找出适应的解决方案。这种方法被称为经典的因果学理论，也是目前主流的绩效管理思维。然而，在数字化的时代，大数据更偏向于强调关联性，而不是因果性。这为经营分析打开了另一扇窗。利用大数据进行分析，我们立足于数据的角度，寻找影响 KPI 变动的元素，以及明确其影响趋势，然后直接对这些元素进行影响调控。在此过程中，无须解释原因，也不必向业务部门阐明背后的逻辑。这是信息化时代绩效的新逻辑。

2. 预算：经验与数配

传统的预算编制或资源分配主要依赖于经验，即使使用复杂的作业预算概念，其业务动因也往往是基于经验形成的。因此，我们称这种预算为经验预算。经验预算对编制人员的经验要求很高，且其结果往往不稳定，导致在预算沟通中存在很大的弹性和变通空间。同时，沟通双方很难找到合适的论据来说服对方。然而，在信息化时代，我们可以通过大数据分析进行预测，从结果出发，找出影响经营成果的关键因素。通过确定这些关键因素的资源投入，实现精确预算或资源精确配置，我们将其称为数配。这是信息化时代下预算的新逻辑。

3. 管会：多维与全维

在管理会计领域，维度是核心部分，同时也是许多从业者的难题。在现有模式下，为了实现多维度盈利分析的目标，关系型数据库的性能已无法满足需求，因此多维数据库成为管理会计系统数据存储的主流。尽管如此，在管理设计过程中，人们仍然对维度持谨慎态度，尽量减少不必要的维度，以提高运行效率。在信息化时代，算力和数据处理模式都有望得到更大的提升。尽管目前尚未看到技术实现理想突破，但我们相信在不久的将来，维度组合计算将不再受业务设计的限制，全维管理会计将成为现实。这正是信息化时代管理会计的新思维方式。

4. 控本：后行与前置

传统的成本管控往往是在成本发生后进行的事后追踪。即使往前推进一步，做到设计阶段的成本管理，这样的成本管理方式在现阶段也是必要的，是能够发挥作用的。但随着信息化时代技术的进步，成本、费用被细分为每一个子类,针对不同子类都可以进一步向前延伸,建立专业的前端业务管理系统,如商旅管理系统、品牌宣传管理系统、车辆管理系统、通信费管理系统等。这些前置业务系统和财务系统之间进行无缝衔接,将成本费用的管理前置到业务过程中。这是信息化时代控本的新逻辑。

5. 业财:分裂与融合

传统的业务系统和财务系统之间存在一定的分离情况,业务系统通过数据体外传递的方式完成和财务系统之间的数据对接。而近年随着业财融合的深入,出现了单个业务系统在体内自建会计引擎,并对接财务系统的模式,但多个系统之间仍然是分裂的。在信息化时代,随着会计引擎应对复杂性能力的提升,将能够逐步建立起大型企业内部统一的会计引擎,并作为载体融合多个前端差异化的业务系统,从而实现业财对接从分裂到融合的转变,这是信息化时代业财融合发展的新逻辑。

6. 共享:人工与智控

当下的财务共享服务采用的是典型的劳动密集型运营模式,将分散的财务作业进行集中处理。这种模式的建立在过去十年内极大地解决了国内企业在会计运营成本和管控能力上所面临的问题。但也要意识到,劳动密集型本身也存在着成本和操作风险。在信息化时代,基于人工智能和机器学习的共享作业将逐渐取代依赖于人工作业的模式。基于前端数据的丰富采集,依托智能规则,可以大幅降低财务共享服务中心的人力作业,从劳动密集型运营转变为技术密集型运营。且依托人工智能,可以实现在智能作业时开展更加丰富的信息化风控。这是信息化时代共享的新逻辑。

7. 财资:平面与立体

在传统的财资管理系统中更多的是平面化的财资管理,所谓的平面化是指将财资管理的重点放在账户管理、资金结算、资金划拨、资金对账等交易性处理流程上。这也是很多国内企业目前资金管理水平的基本状况。而在信息化时代,随着对复杂的资金管理模式技术支持能力的增强,财资管理将从平面走向立体,一方面,财资管理从交易处理模式转型为复杂的司库模式,在资产负债和流动性管理、风险管理领域开展更为丰富的实践;另一方面,财资管理从企业内部资金管理模式向供应链金融模式转变,构建起多维度立体的财资管理体系。这是信息化时代财资的新逻辑。

第二节　财务管理信息化的重要性

一、企业推进财务管理信息化的必要性

(一)提升企业财务管理水平的必要手段

财务管理是公司管理的核心环节,涵盖了企业运营的各个方面。随着公司的发展,运营规模的不断扩大,财务管理工作的复杂性和强度也在逐步提高,财务信息量大幅增加。传统的财务管理模式主要以人工为主,这使相关管理人员在面对日益复杂的财务管理和大规模财务信息时显得力不从心。随着财务管理信息化的飞速发展,以先进的计算机网络技术为基础,财务信息处理的效率得到了前所未有的提升。通过推动财务管理信息化建设,不仅极大地减轻了财务人员的工作负担,还显著提高了财务管理工作的质量和效率。此外,这一举措完全满足公司在各个发展阶段对财务核算、预测和分析的需求,为公司的稳健发展提供了坚实的支撑。因此,可以肯定的是,推进财务管理信息化确实是公司提升财务管理水平的必要途径。

随着互联网的普及,信息与网络技术的优越性在财务管理领域得到了充分体现。以往通过纸质媒介进行财务管理的方式中的不足,如今可以借助先进的财务管理模式得到弥补。高效处理各类财务事务,优化财务管理,提高企业效益,都得以实现。此外,企业利用信息技术构建了健全的财务处理平台,实现了高效、快速的信息化财务管理。这种良性循环管理模式在持续运作中不断进行更新和优化,大幅提升了财务工作的效率和质量。

(二)提高企业市场竞争力的必然要求

相比传统的财务管理方式,信息化财务管理更有优势。它不仅提高了财务数据处理效率,还增强了企业内财务与非财务信息的交流,使企业更好地实现业务与财务的融合,进而提升企业管理水准,支持企业的战略决策,同时也强化了企业的内部监管,防止财务风险的发生,确保企业的稳定发展,增强其市场竞争力。

首先,实施财务管理信息化后,财务人员的工作理念发生了革新,摆脱了传统工作模式的束缚。这使得企业决策者能够更快地掌握公司的运营情况,科学地跟踪和监控业务活动,更有效地配置企业资源,提高企业的运营效率。其次,通过收集和整理财务数据,财务信息化推动了企业财务管理的智能化。

这使得企业能够自动化分析和获取财务信息,优化财务报表,提高财务效率。此外,在财务数据输出阶段,采用财务监督和管理流程的信息化可以避免手工计算错误,提高财务信息的质量,使财务数据更加准确和规范,为企业的发展提供有力的数据支持。

(三)加强企业控制和决策工作的重要工具

企业通过提高财务管理信息化建设水平的方式,能够促进各项管理工作的开展,例如:成本、预算等深度融合。这样,企业管理者可以更全面地了解企业运营状况,并提升管理决策的科学性和准确性。举例来说,零售企业实施成本管理时,可以通过实时信息的交流与共享,制定详细的采购与销售计划,避免出现资金占用过多的情况,从而有效减少成本浪费,提高企业的运营效率。

此外,通过利用财务信息化工具,能够将财务软件和实际信息紧密结合起来,将分散的信息资源整合成一个完整的、互相关联的系统,实现各项资源的有效融合。这样做不仅有利于保障资料的完整性和精准性,还为企业的管理者制定发展策略提供了可靠的依据和支撑。

(四)实现部门信息共享,优化资源配置

一方面,通过搭建公司财务以及其他环节的数字化系统,我们有能力确保数据和准则的统一性,使得各项业务过程能够高效进行。例如,在"采购计划-资金支付-产品储藏-物料使用"这个流程中,所有的部门都可以借助系统模块来获取必需的物料信息,并保证数据的一致和准确,同时使各个生产和运营环节能够顺利衔接。比如,销售部门在把销售订单信息输入系统后,采购部门便能根据订单详细内容迅速查看产品库存情况,再依据产品和物料的库存状态预估物料的缺口,进而制订采购计划和订单,执行接下来的"购买-入仓-领用-入仓-发货-销售"的程序。整个操作过程无重复,资源得以最优化利用,避免浪费。从另一方面来看,公司的管理层在做决策时需要考虑诸多因素如成本、利润、市场需求等,数据共享就可以为他们提供来自各个部门的信息,最大限度地发挥数字化在经营决策上的价值。

(五)监控财务处理流程,指导发展决策

在打造财务管理信息化的过程中,众多公司大规模投入购买或者研发自身的财务信息管理系统。该系统有能力通过关键数据的分析,发现并快速解决公司在运营中出现的问题。另外,通过对其他财务信息及数据的维护和监督,能为公司运营提供有效的财务数据指引,预测公司未来的发展趋势,并做

出适合公司发展的经营决策。因此,建立一套全面且具有科学性的信息化财务管理系统对公司发展是至关重要的,它能够更为有效地监测公司财务处理的过程,保证人员、财务以及物资都在有力的监督下,使得资本运作更加健康和高效。

(六)精准获取数据信息,降低经营风险

企业财务实现信息化有助于提高数据的准确性,帮助管理者及时发现经营问题,并采取相应的应对措施,从而实现经营目标,可见,企业财务信息化建设是十分有必要的。财务数据的准确性是企业运营良性发展的必要条件,更是实现经营目标的关键,如果仅仅只是依靠市场走向调整企业的经营战略,来保障企业的长远发展,是远远不够的,需要通过有效的数据处理作为企业财务管理的重要支撑,这是避免财务管理风险的重要手段,更是降低企业经营风险的关键一步,很大程度上有助于企业稳固市场竞争地位。通过信息化财务管理方式,决策者不仅能够第一时间获取到市场信息,还能够及时了解当下市场行情,这些都是管理者重大决策的重要依据,也为管理者决策提供了科学依据,使企业大大降低在复杂多变的市场中,可能面临的各种风险。

信息化时代背景下,企业财务信息数量越来越多,这时的财务人员如果在对各项财务信息采集中采用较为粗放的人工方式,势必存在各种遗漏,而不同于此,财务信息化管理方式不仅能够保障财务信息数据的准确性,很大程度上能够提高财务信息的完整性,便于财务人员相互之间实现有效的信息传递。这种财务信息共享能够形成完整的数据信息报告,面对着这些不同类型的财务报告,管理层能够提前预测企业经营中潜在的风险,这不仅有助于企业有效规避潜在风险,还能够很大程度上强化企业风险应对能力,从而帮助企业管理层正确地判断财务风险。

二、影响财务管理信息化建设的主要因素

(一)职能部门各自为政,信息共享打折扣

在财务管理信息化建设中,由于企业中的各职能部门都在各自为政,只管自己所在部门的各种事务,不能做到信息有效传递,形成了一种唯我独尊的自我体系,因此加大了财务管理信息共享的难度,归根结底,这与互联网技术发展不协调有着很大关系。如何使互联网中的局域网充分发挥它的作用,实现企业财务管理信息化,为企业经营发展做出重要贡献,这是企业在进行财务管理信息化建设中,所需要重点思考的问题。

（二）系统功能开发不全面，影响信息化效果

在进行财务管理信息化建设过程中，部分企业由于没有结合自身发展需求以及经营特点，就盲目进行信息化建设，在网络服务器与计算机硬件等方面投入大量资金，却忽略了系统模块开放这方面，没有对系统模块这方面进行提前统筹以及前期调研，以至于没有足够的资金投入到系统模块开发中，导致后期信息系统实施过程中，很多模块无法及时上线，从而使财务信息数据获取难以达到理想效果。

（三）软硬件设施不到位，存在信息安全隐患

信息化时代背景下，互联网虽然给企业的生产经营带来了很大便利，但同时也充满了各类风险，一方面是部分企业在进行信息化建设过程中，没有设立专属建设经费，针对财务信息化建设中的各项基础设施配备不足，导致存在一定的网络安全隐患，严重缺失网络安全防护，从这一点来看，难以保障企业的网络信息数据安全，容易使企业的重要数据信息发生泄露事件；另一方面，当前对于互联网权限管理上还没有明确的管理制度，这使得信息系统操作人员在操作过程中，权限管理上存在一定的漏洞，以至于使信息系统缺乏一定的安全保障。

三、推进财务管理信息化建设的措施

（一）完善企业内部信息共享平台，推进业财一体化

在财务信息化建设的推动下，企业财务管理水平的提升更需要强化企业内部信息共享平台的建设，以推动业务与财务的整合。构建这样的平台需要从几个关键方面展开。首先，企业需要强化财务业务一体化的理念推广。各个层级的人员都需要接受财务业务一体化的理念教育，提高他们的全局观念，充分理解财务业务一体化的重要性，积极主动地推动部门间的沟通和协作，为信息共享奠定思想基础。其次，企业需要进一步完善信息共享平台的建设。这包括对资金预算的合理设定，成立专门的项目组，以及人员分工的明确。对于信息共享平台建设所需的设备和系统的投入，需要有全面的规划和管理。再次，企业需要确保内部信息平台与财务信息系统的顺畅对接。企业应重视内部信息系统与财务系统之间的接口设计，使财务能够融入业务的各个环节，与业务并肩前行，甚至引领业务，使业务处理流程规范化、标准化，数据的获取高效准确。同时，加强各部门间信息的传递和共享，促进部门间的沟通、理解

和监督。财务部门可以根据企业的实际经营状况,及时调整财务管理策略,为决策者提供更有价值的信息,从而有效提升企业财务管理水平,实现财务业务一体化的发展。

(二)及时完成信息系统的功能升级,规范流程设置

推行信息化建设是长期且系统性的工程,在实行的过程中,企业必须紧随信息时代的发展脚步,及时对已有的信息系统进行改进升级。第一,应搭建企业内部的信息管理系统。在这一步骤中,不仅意味着财务部门需要使用财务软件,同时也要对现有的财务管理过程实施科学的设计,建立满足企业业务成长需求的财务信息网络,实现信息的传播和共享。进一步推进财务与业务的融合,需在网络环境下建立一体化的企业财务办公平台,融合企业业务系统,有效提高企业财务信息化管理的水平。最后,对财务管理流程进行标准化。在财务信息管理中心,会计项目的设定、账目结构和处理流程需纳入标准化管理,为数据的集中整理提供方便。

(三)健全管理制度,搭建安全防范体系

财务信息化管理离不开信息技术的支持,信息技术是实现财务信息化管理的重要手段,也是唯一方式。在开展信息化管理过程中,应当根据实际需要,应用信息化技术并建立完善的管理制度,财务信息化管理制度不仅要包含操作人员流程操作方面的制度约束,还应当包含操作人员权限设置方面的制度约束。在建设财务信息化管理过程中,财务人员既要掌握熟练的信息化系统软件,还要熟练使用各种信息化设备,更要充分掌握现代化信息管理的各种有关知识与技能,这是实现财务现代化管理的必要条件,并且要根据财务人员的管理水平合理地进行岗位设置。在安排财务人员岗位的过程中,对其岗位职责以及所要承担的责任进行合理的划分,明确其职责以及所要担负的责任,充分利用制度牵制每个岗位员工的岗位职责,从制度层面入手,是控制风险或者是降低风险的最有效手段。风险管理是企业的重中之重,也是财务管理的重点内容,它能够帮助企业及时规避各种潜在风险,并采取相应的应对措施,在一定程度上能够使企业避免受到严重的经济损失。为此,应当建立完善的财务风险防范体系,这个体系主要包含四个方面,第一是风险预警机制,第二是信息传递机制,第三是风险分析机制,第四是风险处理机制。风险预警机制能够使信息系统一旦发生风险预警指标,就会自动发出预警提示,便于财务人员第一时间掌握信息,并及时进行处理;在信息传递机制下,财务人员能够及时获取准确的数据信息,并相互间进行有效传递,从而形成完整的各类风险报

表,为企业发展过程中的风险评估提供科学依据;风险分析机制则是在获取各类风险数据报表后进行分析总结,结合市场走向以及企业经营发展情况,制定行之有效的财务风险防控管理方案,上报给企业决策管理层;风险处理机制是企业决策管理层通过财务风险防控管理方案进行一定的分析与讨论,并将决策结果下发到各个职能部门,下层职能部门根据指令执行,通过这一系列的机制,能够大大提高企业财务管理水平。

通过以上陈述不难发现,财务信息化管理不仅能够大幅度提高企业的管理水平,很大程度上能够强化企业财务管理效能。在具体实践过程中,企业管理决策层应当结合企业发展目标,在各职能部门的积极配合下,促进企业实现可持续发展。

第三节　财务管理信息化的内容及结构框架

一、财务管理信息化的内容

从专业角度看,财务管理信息化可被划分为四个主要领域:财务会计、管理会计、财务管理及审计。而从关注企业用户角度,财务管理信息化的服务对象包括策略决定者、管理者以及各类业务执行人员。财务信息系统中每个专业模块都针对不同级别的企业用户提供服务。

在我国,许多企业的财务管理信息化仍然停留在会计核算和财务报告的使用阶段,这些程序或组建在为战略决策层的计划、分析、监控提供支持方面,其效力大大不足。

很多大企业,尤其是在管理上先进且具备强大信息基础的企业,已经开始使用预算、操作成本、决策支持分析等管理会计信息化工具,并且已经取得了优秀的成果。这使 ERP 和计费系统中的财务信息能更好地满足策略决策者的管理需求。

二、财务信息系统与其他业务系统的关系

财务信息系统是其他各业务系统的核心和数据流转的终点,对于会计信息系统,不能仅从企业会计信息系统的传统概念去认识,而要从"国民经济信息化"的角度去思考。站在这个高度,就能考虑会计信息对于经济社会的作用,发现会计信息对于经济运行的价值,研究它在经济分析和宏观调控中所发挥的功能。按照上述思想,探讨研究以下问题:第一,重新认识会计理论并进行突破与创新。第二,分析会计信息系统与管理信息系统、经营信息系统之间

的关系。第三,介绍企业会计信息系统,讨论会计信息处理的智能化。第四,讨论"工程会计"理论,进行会计信息生产社会化、经济信息处理综合化的"国家经济信息支持系统"的设计。而实际上,我们提出"会计信息化"是因为传统的会计信息系统已经不适应现代信息管理发展的要求。

第一,传统的会计信息系统往往限制在企业内部的财务部门,成为信息"孤岛"。财务软件的使用仅限于财务部门,其他部门如管理层和领导需要查看财务报告和报表时,往往需要打印出来。同时,生产、采购、库存、销售、人力资源等业务环节与会计信息紧密相连,但传统的财务软件并未与业务系统形成良好的对接。

第二,传统会计信息系统与企业外部的信息系统存在隔离现象。所有的商务交易仍然需要通过手工方式,先开具纸张单据,再输入电脑。

第三,传统会计信息系统实际上是人工会计的模拟系统。尽管财务软件提高了会计工作的效率和会计信息的质量,但在会计处理程序和方法上,基本上是将手工操作移植到电脑上。许多企业的会计人员仍然希望电脑屏幕上显示的凭证与手工制作的完全一致。然而,随着计算机技术的发展,其目标在于实现更大程度的简化,提高科技含量,使内在更为复杂,而外在更为简洁。这正是未来科技发展的趋势。

第四,传统会计信息系统在某种程度上滞后于现代信息技术的发展。当前,Internet-Intranet 技术已经取得了令人难以想象的进步。如果我们仍然仅依赖于孤立的 PC 处理个案,企业的管理决策、预算、投资和生产决策可能会因信息量不足而出现失误。

最后,提出"会计信息化"的目的是将会计的服务管理职能置于当前和未来的信息大环境中进行考虑。我们进行变革的目标是为了实现更好的发展。

我国对 MRP II、ERP 等先进的企业管理系统的研究和使用还处于起步阶段,目前国内绝大多数企业使用的还是核算型或是向企业管理信息系统方向过渡的相对独立的财务信息系统软件。这种财务信息系统是一种不够理想的管理信息系统,但这是向 ERP 等过渡的关键和决定性的一步。

三、财务管理信息化的特点

1. 高度的自动化

财务管理部门是企业的核心部门,离不开其他部门的密切配合,与其他职能部门紧密相关。就拿财务核算来说,财务核算的数据基本上都是由其他部门提供的,还有企业生产过程中,一些生产材料购买数据以及生产材料资金支出费用,都是由后勤部门以及生产部门所提供。在对这些数据信息采集过程中,需要收集相对应的凭证。以往的财务信息核算过程中,基本上都是由工作人员进行一一收集,对这些凭证进行登记与收录,然后再一一核对,整个过程不仅烦琐,而且还需要花费大量的时间。而财务管理信息化系统很大程度上简化了这些工作流程,利用互联网信息技术能够在较短的时间内,完成这些相对烦琐的工作流程,不仅节省了人力成本,而且很大程度提高了工作效率。

2. 较高的预测能力

在互联网信息技术的支持下,财务管理信息化系统既能够使管理人员获取准确的财务数据信息,还能够在原有的基础上实现资源共享,通过与其他部门的密切联系,大力合作,不仅能够大大提高其预测能力,还能够使企业更好地进行财务风险管控,这有助于提高企业的风险防控能力。

3. 揭示更加全面的相关信息

企业财务信息化管理过程中,财务信息使用者会让企业公布各种体现企业经营状况的财务信息,主要包含企业的营业收入以及经营业绩等信息,这些财务信息中,无论是对企业经营有利的信息,还是对企业不利的信息,都需要财务部门对其公示,这便于企业全面了解企业财务的具体情况,然后通过信息化技术,将这些公示信息全都包含在财务报表内,并且通过信息化技术可以使财务的相关信息,在互联网当中通过报告额方式不断扩大,这样需求者在获取相关财务信息过程中,只需要按照它的提示要求就可以。

4. 分步处理财务信息

财务管理信息化可以把一些较为复杂的工作任务,进行一定的分解,分解成多个线程,每个不同线程都可以通过不同的电脑进行处理,在多台电脑中输入数据,通过同一台电脑服务器储存,不仅能够保证数据的统一储存,还能够给予数据输入凭证,能够很大程度上减少单台电脑数据处理工作量。

第四节 财务管理信息化的未来发展

在机遇与风险并存的信息化时代,高效、科学的管理是每个企业的现实需求,财务管理信息化能够充分运用信息化技术,提高企业管理的效率和运作水平,所以是未来企业发展的重要趋势,是满足企业高效管理需求的重要措施。

近年来,现代信息技术飞速发展,已经深入人类生活的方方面面。在企业中,信息技术应用于企业财务管理的各环节中,企业对于实现财务管理信息化的需求也愈加迫切,市面上也推出了多款综合性财务办公软件。

首先,财务管理信息化是时代所趋、众望所归的,信息化技术将会运用于财务管理的各方面、各环节。通过信息技术能够实现财务管理所有事项的综合化、一体化管理,从而实现优化财务管理流程、提高管理效率和增强管理功效的目标。

其次,信息技术加快了会计核算与财务管理结合的进程。信息技术使资金支付过程转变为会计审核工作,较少重复的工作流程,提高了工作效率。电子审批单据转化为财务核算软件的会计凭证已经切实可行,预算管理、制度管理、业绩考核评价等财务管理工作都会充分运用信息技术,提高企业的运营效率。

再次,信息技术实现了财务管理与业务管理的一体化,能够对业务、财务计划的实施进行实时反映,使财务信息更加透明化、共享化。财务信息按不同级别、不同权限进行使用,进一步加强财务管理与业务管理的融合,并在预算执行阶段就可完成预算偏差的校正,提高了企业管理制度的执行力。共享财务信息可在一定程度上对管理层次进行压缩,减少管理链条,促使管理目标更加清晰。

最后,预算管理与控制执行相结合是财务管理信息化的未来发展趋势。采用传统预算管理方式的企业中,预算管理与资金支付管理相互独立,造成了预算执行财务数据反映与预算分析总结滞后,偏差无法及时纠正,预算执行效果不良。而通过现代信息技术的支持,尤其是随着财务共享中心的兴起,财务管理逐步应用统一的财务管理信息化系统,实现了预算管理与资金支付的一体化。

一、财务共享中心对企业财务管理信息化的提升

随着市场经济的发展,财务管理对企业发展的重要性日益凸显,越来越多的企业更加重视企业财务管理水平的提高。复杂的财务管理工作需要财务人员具备较强的专业技能和信息化应用能力。为了有效提高企业财务管理水平,应当加强对财务人员培训、完善财务管理系统、优化财务管理理念,最大程度发挥财务共享中心的优势,使企业财务管理信息化水平能够更好地适应社会经济发展的需要。

(一)依托财务共享中心增强企业财务管理信息化的优势

财务共享中心在现代信息技术的推动下逐渐崛起,被众多企业广泛应用于财务管理信息化工作中。这种应用模式突破了传统财务管理多部门模式的束缚,通过智能化信息技术整合财务部门,根据企业实际情况构建新型财务管理服务模式。将财务信息整合在一个部门中,从而提高财务管理部门的智能

水平,降低企业运营成本。这使得财务管理工作变得更加简便快捷,实现了信息共享。财务共享中心同时也优化了企业财务管理的工作结构,提升了企业财务管理水平,使企业在竞争激烈的市场中具备更大的竞争优势。随着市场风险的加大,企业财务工作的难度不断提升。财务共享中心模式的出现改变了传统财务管理工作职能单一的现状,在一定程度上减轻了财务人员的工作负担,提高了企业财务管理工作的效率。

财务共享中心的应用增强了企业财务管理工作的精确性,保障了财务信息的安全,进一步规范了企业财务管理工作模式。它对财务数据和信息进行有效整合和统一管理,提高了企业财务管理的效率。财务管理工作的高精确性是保障企业良好运行状态的重要前提。财务共享中心优化了企业财务管理的内部结构,提高了财务信息的准确性,从而推动了企业的可持续发展。

财务共享中心确保了企业规模的有序扩张与标准化发展。健全完善的财务共享信息系统能够有效整合企业资源,合理优化人力资源配置,进一步优化财务管理工作流程,实现了财务管理工作的整体性,提高企业财务管理水平。财务共享中心加强了各部门间的沟通与信息交流,相应地,也对财务人员提出了更高要求,如除了具备较强的综合素质和专业技能外,还应充分了解企业财务管理的工作流程。此外,还可以根据财务人员的专业技能匹配相应的岗位,进一步提高财务管理信息化工作的效率。

(二)依托财务共享中心提升企业财务管理信息化水平

1. 建立健全完善的财务管理系统

财务共享中心为企业财务工作带来了更多的便利,健全完善的财务管理系统能够进一步从整体上提高企业管理水平。企业在不断发展,企业规模不断扩大,财务部门分工更加复杂,也造成了财务部门间权责不明,导致财务部门的监管力度降低。财务部门应定期检测财务信息,做好财务分析工作,整合财务信息,对财务管理流程进行梳理,根据财务工作的实际情况合理分配人力资源。同时,应基于企业整体发展规划制定相应的财务管理运行机制,统一管理财务信息,将财务运行风险、融资风险等都纳入财务管理信息化系统中,强化预算管理工作,在整体上提高企业管理信息化的水平。

2. 提升企业财务管理信息化水平

财务共享中心显著提高了企业财务管理信息化水平,企业财务管理工作效率得到进一步提升。随着现代信息技术的飞速发展,企业可以依托财务共享中心强化企业财务管理信息化建设,再造财务管理信息化工作模式和管理流程,结合企业自身实际情况优化财务管理系统,进一步促进企业财务管理系统的信息化。充分发挥财务共享中心的优势,优化财务数据的信息化处理流程,保障财务数据的准确性和安全性,规范财务管理工作标准。

3. 优化企业财务管理的流程

财务管理流程混乱是我国部分企业存在的问题,而有助于完善财务管理工作流程正是财务共享中心的一大优势。通过规定工作内容、强调工作方法以及利用智能化信息技术对财务管理工作过程进行实时监督等方式,确保财务人员处理财务管理业务流程的完整性与正确性。企业财务管理与财务共享中心的质量管理理念相结合,进一步规范企业财务管理模式,简化财务管理工作流程,在一定程度上降低了企业的经营成本。同时,结合市场变化对财务管理流程进行技术调整,利用财务共享中心优化企业内部资源与外部资源,使企业能够更好地应对市场变化与时代发展。

在信息技术飞速发展的今天,需要充分利用现代信息技术,发挥财务共享中心的优势,健全完善企业财务管理系统和财务管理流程,从整体上提升企业财务管理水平。同时,要加强财务人员的培训,强化专业技能,提升综合素质,提高财务管理工作水平和工作效率。

二、大数据的发展推动财务管理智能化发展

目前,资源管理逐渐成为企业管理的主要任务,会计的工作职能也从单纯的账务管理向辅助决策、辅助分析、辅助管理的方向发展。同时,随着现代信息技术的普及,ERP(Enterprise Resources Planning)系统及企业流程再造等系统在我国企业中的广泛应用,推动财务工作由电算化向信息化发展,财务活动和业务活动实现了信息化处理,展现出高效、快速、易用的新特点。

近年来,随着移动互联、大数据、云计算、人工智能等技术飞速发展,财务工作也发生了巨大变化。一方面,新型商业模式的产生对现有企业财务管理模式提出了新要求;另一方面,随着智能化、自动化信息平台的出现,拓展了管理会计应用的深度和广度,进而推动了企业财务模式从单纯核算向智能化方向发展。

(一) 智能财务

以智能决策、智能行动、数据发现为核心的智能管理系统是智能财务的主要表现,能够辅助企业决策层进行智能判断。智能化应用于财务工作中有得天独厚的条件,财务数据也是大数据中的一部分,更容易应用于财务管理工作中。

智能化更加适应基于多变量的可描述规则,这恰好也是企业会计准则的体现。财务工作中存在大量的重复性工作,这些都可以通过智能化工具轻松解决。

在智能财务阶段,信息的收集、整理、加工、分析、展现等仅仅是信息系统的一部分功能,更重要的是可以通过信息系统代替企业管理层制定决策。根据企业需求收集相应数据并进行深度分析,就可以快速、准确地计算、模拟出结果并作出判断给出决策结果。

一般来讲,完整的智能财务体系应具备三个层级和一个能够贯穿智能财务三个层级的智能财务平台。三个层级分别为基础层、核心层和深化层。基础层是基于流程自动化的财务机器人,核心层是业务财务深度一体化的智能财务共享平台,深化层是基于商业智能的智能管理会计平台,这三个层级都通过基于人工智能的智能财务平台进行整合。随着未来人工智能技术的不断发展,智能财务平台将会继续向三个层级渗透和深化。

(二)基于流程自动化的财务机器人

2017 年国际四大会计师事务所陆续推出了财务机器人,这个名为 RPA 的新鲜事物逐渐由审计领域进入更广泛的财务领域。RPA(robotic processautomation)即机器人流程自动化,它不是物理形态的、有物理实体的机器人,而是一种软件技术,可以模拟人类的脑力劳动,自动化地完成规则导向、结构化的、可重复的工作。财务工作中存在大量标准化、重复化、技术含量较低的工作,通过 RPA 就可以代替人工高效、准确地完成这部分工作,如数据采集、数据审核、自动月结、自动银行对账等。

随着人工智能技术的不断发展,RPA 可以在很多财务领域中发挥作用,如按照一定规则执行重复性操作;应用于中央服务器的部署与管理,实现业务应用程序的交互;融合财务共享业务流程,提升财务工作效率,强化财务管理;与大数据、云计算等技术相结合,提高财务工作智能化。

(三)基于业财深度一体化的智能财务共享平台

RPA 代替人在传统财务业务规则下进行重复烦琐的工作,实现了自动化处理,而基于业财深度一体化的智能财务共享平台对传统财务流程实现了再造。

只有与业务实现真正的融合才能使财务发挥出价值创造的效力,尽管人们已经意识到业财融合的重要性,但很少有企业成功实现业财一体化。业财融合需要企业业务流程、会计核算流程和管理流程的融合,构建以业务驱动财务一体化信息处理流程,实现最大限度的数据共享,使得业务数据和财务数据融为一体,从而掌握企业经营的实时情况。但在传统企业管理体系中,业务流程、会计核算流程、管理流程都是相互独立的,缺乏使其有机融合的有效技术手段。

财务共享平台的应用很大程度弥补了传统财务管理的不足之处,更是对传统财务流程的一种重构,不仅简化了财务流程,更使财务流程实现了交易透明化以及流程自动化,使企业以交易为主的运营本质得以真正回归,这使得以财务共享平台为基础的线上商城,既实现了采购、服务、售后等一系列交易的一体化,更拉近了供应商与客户之间的距离,在线上商城就能直接完成交易,大大提高了企业的交易效率。无论是企业的日常消费,还是大宗采购业务,都可以在线上商城实现,并且线上商城还可以实现自动对账报销,使企业的业务流与财务流均能实现有效结合。如果企业员工因商务出差,想要提前订酒店,只需登录企业在电商平台注册的在线消费 APP,根据自己的喜好提前预约出差所在地酒店,在进行一定的比较与筛选后,就可以在线上提交订单,而且系统会根据订单信息,自动生成电子发票信息。也就是说,只要是员工出差,在线上的一切出差数据都会自动保存到系统中,月底仅凭一张发票就可以完成整个结算,整个过程中,员工出差的所有费用实现了零垫付,真正实现了自动化核算过程。

(四)基于商业智能的智能管理会计平台

财务核算向财务管理转型的趋势已经不可逆转,也就是说,以财务会计为主导的财务工作向以管理会计为主导的财务工作转变是不可避免的。管理会计的本质就是在收集和分析数据的基础上实现精细化和量化管理,而这种收集、整理、加工和分析数据的能力正是管理会计能力的体现。

企业经营过程中通常需要面对三类数据:小数据、业务数据和社会大数据。过去,小数据和结构化数据是企业应用的主要数据,但这只是企业接触数据的一部分。那些包含大量潜在价值和规律的非结构化数据和半结构化数据,如各种格式的文本、图片、报表、办公文档、图像、音频和视频信息等,往往难以被清洗、整理和加工,处于未开发状态。这些数据内容包括客户特征、消费者购买习惯和购买偏好等相关联的有价值信息。实际上,人们已经认识到这些被忽视的非财务数据、非结构化数据和半结构化数据是企业决策者真正需要的数据信息。数字化对财务工作的重要影响在于数据需求和数据应用,借助智能技术可以在大量数据中收集、整理那些非结构化数据、半结构化数据并加以利用。

商业智能利用现代数据仓库技术、线上处理技术、数据挖掘技术和数据展示技术等手段来整理和分析数据,以实现其商业价值。基于商业智能的智能管理会计平台具有灵活性强和视角广的技术特点,可以充分发挥商业智能模型化的功能,帮助企业获取多维度、立体化的信息数据,为管理层提供智能化、科学化的信息支持。

(五)基于人工智能的智能财务平台

随着人工智能化的发展,人工智能被广泛应用到财务领域中,在此领域中主要应用于三个层面,一个是感知层面,另一个则是学习层面,还有一个则是自然语言处理层面。感知层面的应用是指让计算机交流或者是收听等方式,收集到相对应的有效信息;学习层面的应用是指通过计算机采集大量的预测参数,根据这些参数进行快速计算;自然语言处理层面是指利用计算机对自然语言中的词句或者是段落等方面进行一定的再加工。具体而言,以上所陈述的这三个不同层面的人工智能技术应用于财务领域中,主要实现六个方向,第一是财务预测,第二是经营推演,第三是风险量化,第四是价值优化,第五是决策自动化,第六是信息推荐。伴随着现代科学技术的发展,人工智能技术在财务领域的应用会更加深入和广泛。近年来,通过人工智能技术实现了对企业主体的财务预测、经营推演和风险量化。相信在不远的未来,依托智能财务平台强大的学习能力、计算能力和反应能力,人工智能技术能够为企业提供更加精准、及时的信息服务,在某些方面甚至可以支持和替代企业管理层实现决策自动化。

第二章　财务管理信息系统分析

第一节　财务管理信息系统概述

一、管理信息系统

管理信息系统是在 20 世纪中后期由高登·戴维斯提出的,它是一个利用计算机硬件和软件、分析、计划、控制和决策模型及数据库的用户——机器系统。管理信息系统能提供信息,支持企业或组织的运行、管理和决策。随着信息技术的不断发展,管理信息系统的定义也发生了变化,人们对管理信息系统的理解也更加深入。管理信息系统由人、信息处理设备以及运行规程组成,以信息基础设施为基本运行环境,它是通过采集、传输、存储、加工处理各种信息为企业提供最优战略决策,支持企业集成化运作的人机系统。在这个定义中,指出了构成管理信息系统的三个要素:人、信息处理设备和运行规程。其中,"人"是最重要的一个要素,既是管理信息系统的使用者,也是系统的规划者、控制者和运行管理者。系统面向的层级越高,人的参与程度就越深。

信息基础设施为管理信息系统创建了一个运行的物理环境,并始终服从管理信息系统的目标。运行规则包含了应用规则、控制措施和知识智能,是管理信息系统运行规则的体现,确保了数据提供、指令控制、动作执行等程序能够科学、合理地运行。

二、财务管理信息系统

(一)财务管理信息系统的定义

管理信息系统可分为 TPS(transaction processing systems,事务处理系统)、MIS(management infomation system,管理信息系统)、DSS(decision support system,决策支持系统)和 AI/ES(人工智能/专家系统)四个层次。

最底层的 TPS 系统用于记录和保存企业活动的基本信息;MIS 系统用于整理并简单分析各项信息;DSS 系统用于向企业高层提供支持决策的相关信息;AI/ES 系统用于对信息做出反馈、管理和控制。完整的财务管理信息化实际上是 DSS 系统与 AI/ES 系统的有机结合,根据 MIS 系统提供的数据得出支持决策的信息,通过系统控制实现财务管理与控制。

目前,学界对财务管理信息系统的定义仍然没有形成一致的认识。从系统论的观点来看,财务管理信息系统的定义应包含财务管理信息系统的目标、构成要素以及财务管理信息系统的功能等几部分内容。

1. 财务管理信息系统的目标要以企业财务管理的目标为最终标准,换言之,财务管理信息系统的最终目标即实现企业价值最大化,这个目标通过决策支持得以体现。相比于传统信息系统,财务管理信息系统工作的中心是支持决策活动和控制过程。

2. 信息技术、数据、模型、方法、决策者和决策环境等是构成财务管理信息系统的主要部分。

3. 财务管理信息系统的核心功能主要表现在财务决策和财务控制两个层面。财务决策和财务控制是现代财务管理的基础职能,其他工作职能可以视为这两项基础职能的衍生。总的来说,财务管理信息系统可以被定义为:在信息技术和管理控制的环境下,由决策者主导并获取支持决策的数据,构建决策模型以进行财务决策,并将决策结果转化为财务控制,以实现企业价值最大化为目标,对业务活动进行控制的管理信息系统。

在过去的一段时间里,人们对财务管理信息系统的理解并不明确,曾经提出过"理财电算化"的概念,其实质是通过工具软件构建财务管理分析模型。这种概念的提出容易导致对财务管理信息化的误解,认为财务管理信息化就是简单地在财务工作中运用计算机技术。财务管理信息系统的出现,帮助人们纠正了这种误解,以系统论思想为指导,建立财务管理信息系统。随着现代信息技术的快速发展,构建财务管理信息系统的所有条件都已经实现。

(二)财务管理信息系统的特点

财务管理信息系统的特点从其定义中就可看出,主要概括为动态性、决策者主导、与其他管理信息系统联系紧密、高度的开放性与灵活性四大特点。

1. 财务管理信息系统的动态性特征

财务管理环境决定了财务管理活动,而企业的财务管理环境是在不断变化的。企业财务决策与控制策略取决于企业战略,所以财务管理信息系统没有统一的标准,不同企业间也很难互相参照,这也就决定了企业管理系统的动态性特征,会随着企业战略与财务管理环境的变化而变化。

2. 财务管理信息系统由决策者主导

底端的信息系统能够实现高度的自动化处理,但财务管理信息系统不同,它面向的是企业的高层,为企业高层的决策活动服务,所以财务管理信息系统会涉及大量的分析和比较,需要进行智能化的处理,这就决定了财务管理信息系统由企业决策者主导。

3.财务管理信息系统与其他管理信息系统的联系密切

财务管理信息系统包含在整个企业信息化系统之中,是组成企业信息化系统的重要部分。支持决策的数据来自不同的信息系统,财务管理信息系统需要实现与其他信息系统的数据共享或系统的集成。财务控制的执行依赖于各业务系统的子系统,需要具备确保财务计划、财务指标等各项控制措施"嵌入"信息系统的能力,充分发挥财务管理信息系统的控制能力。

4.财务管理信息系统具有高度的开放性和灵活性

财务管理信息系统高度的开放性和灵活性是为了适应复杂多变的决策环境和不同财务管理模式的结果。首先,财务管理信息系统应允许管理者制定个性化决策过程和控制流程,能够根据不同需求重组和构建企业财务管理的流程;其次,财务管理信息系统应具备支持不同数据库管理系统和异构网络的功能;最后,财务管理信息系统应具有一定的可扩展性和良好的可维护性,能实现动态的财务管理。

(三)财务管理信息系统的基本运行模式

财务管理信息系统运行分为财务决策环境的分析,财务决策的制定、实施以及财务管理的控制评价四个阶段过程。这四个阶段都要在一定的企业环境和信息技术环境下实现,彼此联系,共同构成财务管理信息系统的基本运行模式。

财务决策环境分析阶段,需要对财务决策进行风险评估,明确决策目标以及决策的各项约束条件和达成目标的关键步骤。这是财务管理信息系统运行的第一个阶段,也是财务决策的准备阶段。通过信息技术平台能够获取相应的信息,并引入财务决策过程中。

财务决策制定阶段是构建财务决策模型的阶段,通过决策模型获取支持决策的所有数据。并通过大量的比较与分析从众多方案中选出最优方案,并生成相应的计划、指标和控制标准。

财务决策实施阶段需要根据决策方案进行预算并进行资源配置,控制财务决策的执行过程,包括执行进度、预算执行、资源消耗情况等。

财务管理控制评价阶段将评价结果与预期控制指标进行比较,看是否存在偏差。若存在偏差则需分析产生原因,并进行修正。若判断为决策失误,则需重新制订决策;若决策执行过程中存在偏差,则需重新评估决策环境。

财务决策的实施阶段和财务管理的控制评价阶段在实际的财务管理信息系统中通常会集中于具体业务处理系统中。财务管理信息系统是具备和业务处理系统的数据接口共享的集成化控制平台,从而保证了财务管理信息系统职能的发挥。

(四)财务管理信息系统的功能结构

在信息化环境下,财务管理的两大核心职能是决策与控制,财务管理信息系统也是依据这两项职能来构建其功能结构的。财务决策子系统主要涵盖企业筹资决策的信息化、投资决策的信息化以及股利分配的信息化。具体来说,财务决策子系统包括用户决策需求的分析、决策环境的分析、决策模型的构建、决策参数的获取以及决策结果的生成等模块,同时还包含模型库、方法库和数据库等基本数据库管理系统。

预测是结合历史数据和现有获取的信息、数据进行科学分析,预测事物发展可能性和必然性的过程。信息技术为预测提供了更好的条件,数据库可以提供大量数据,计算工具可以计算出更科学、准确的预测方法。财务预测的信息化包括利润预测、市场预测、销售预测、资金需求量预测、企业价值预测以及财务风险预测等。过去,财务评价通常只涉及单纯的财务指标评价,而在信息化环境下,财务评价是对企业财务状况进行多角度、多维度的综合性评价。相比传统财务评价主要在事后进行,通过财务管理信息化可以实现事中的评价,能够有效地预警可能出现的财务风险。预算控制子系统根据企业的决策及其提出的计划和指标等进行预算,并对预算进行执行、管理和监控。

在财务管理信息化中,现金管理是非常重要的内容。随着线上交易的逐渐成熟,现金管理不再局限于纸质货币的管理与对账,电子货币及其转化形式的结算、核对与网上管理都是现金管理的重要内容。此外,现金管理还有一个重要的工作内容就是合理控制现金支出,并判断企业现金流的变动,根据现金需求及时作出合理安排。对规模较大的企业而言,还可以通过核算中心实现企业内部现金的统一配置与管理。

成本控制子系统与成本核算子系统共同完成成本计算、成本分析等工作,并通过各种手段合理降低生产成本。

第二节　财务管理的实施步骤和管理系统介绍

企业的一切活动都是由业务活动发生引起的,包括物的活动、信息活动和管理活动。这里所说的"物"不仅包括各种物资资源,也包括各种人力资源、现金、证券等。

企业业务活动的发生引发了包括原材料、辅助材料、机器设备等物资活动,以及业务人员、生产人员、管理人员、工程技术人员等人力及货币、证券等资金的活动。信息活动是对企业业务过程、物流及管理活动的信息进行反映和管理的活动。与物资流转过程相对应的是资金运转过程,在这个过程中,企业资金不断地从一种形态转化为另一种形态。

一、企业财务管理过程

在企业的生产流程中,资金也会相应的流动,这个流程是由多项财务操作共同构成的。企业在安排财务操作的过程中,会与各个环节产生财务交互。所以,财务管理就是一种涉及安排财务操作和处理财务交互的经济管理方式。

企业的经济资源时刻在复制过程中流动,在开始阶段为货币经济资源,经过获取,转变和销售三个步骤,依序转化为储蓄资源、固定资源、生产资源和成品资源等各种不同类别后,最终再次转变回货币经济资源的形态。这一连续循环的过程无休止地进行,形成了经济资源的循环和流动。

(一)筹集资金

筹集资金是再生产活动的前提,也是资金运转的起点。筹集资金是一项财务管理行动,源于企业的生产运行状况和资金运用基础,沿着国家的宏观经济政策指引,根据企业的未来经营战略和发展需求,通过科学的预测和决策,在特定途径,用特定方式筹集生产和运营所需的资金。

(二)投放与使用资金

对资金的投放和使用是企业将集结的资金以多样的方式重新投入到生产系统中的一个步骤。其中一部分资金被用来建设厂房和采购设备,作为生产手段或者说是固定资本;另一部分则被用于购买原料和资源等生产要素,形成备用资本,以确保生产和经营活动的顺利进行。

(三)耗费资金

在制造业务流程当中,制造商付出劳力,通过工具对待加工物品进行处理,然后生产出成品,创造了产成品资金。在整个过程里,必须消耗各式各样的物料和物资,伴随着固定资产的减损,以及支付给员工的薪酬和其他各类开支。资金耗费的过程也是价值创造和价值形成的过程。

(四)收入与分配资金

资金的收回主要包括通过产品销售取得销售收入,使成品资金又转化为货币资金,以及将资金直接投放到证券市场获得投资收益两个过程。

收入与分配资金将企业取得的收入和收益分为三部分:一部分用于重新购置劳动手段、劳动对象,支付工资和其他费用,参加生产周转,使企业生产经营活动持续进行;一部分用于依法缴纳各种税款、弥补上年度的亏损;还有一部分形成企业的税后利润进行分配。

二、财务管理过程与业务过程之间的关系

从前面财务过程可以看到,财务管理过程与业务过程存在着紧密的联系。把这种联系抽取出来就可以更深刻地理解财务过程与业务过程的关系。这一关系也正好反映了财务管理活动是从资金运转角度对企业经济活动过程中资金的运转进行管理的本质。

第三节　信息时代的财务管理平台

财务管理信息化除了构建信息平台的基本技术外,还需要应用其他信息技术以更好地完成财务管理目标。

一、信息技术在财务管理平台中的应用

(一)因特网、企业内部网和企业外部网技术

1. 因特网技术

因特网是一种全球计算机网络系统,按照一定的通信协议,通过各种通信线路将分布于不同地理位置上、具有不同功能的计算机或计算机网络在物理上连接起来。因特网技术是以通信协议为基础组建的全球最大的国际性计算机网络。通过因特网可以收发电子邮件,远程登录访问系统资源,进行文件传输,通过万维网访问各种链接文件等等。企业中的部门与部门以及企业与企业之间都可以通过因特网及时、便捷地分享各种信息,实现低成本的集成、协调管理的目的。

2. 企业内部网技术

企业内部网是按照因特网的连接技术将企业内部的计算机或计算机网络连接起来的企业内部专用网络系统。企业内部网只在企业内部进行信息和数据的传输与交换,涉及企业内部经营管理的各方各面。企业内部网是实现电子商务的基础,企业内部网的用户都使用同样的网络浏览器,企业的决策执行、生产分工、销售等一系列商务应用都可以在企业内部网上一目了然,使企业内各部门之间的联系和协作更加流畅、快捷。同时,在企业内部网上,信息的存放位置都是单一的,使企业内部信息的调取更加便捷,实现了企业内部信息的高度共享以及动态、交互式地存取信息。

3. 企业外部网技术

企业外部网是利用因特网技术将企业内部网与企业外部的销售代理、供应商、合作伙伴等联结起来形成的信息交换网络。价值链中的几家企业共享一个封闭网络,能够更加方便、快捷地实现企业间的信息共享与线上交易,还能避免因特网安全问题带来的风险。

(二)电子商务技术

随着信息技术的不断进步与发展,经济全球化不断深入,电子商务的概念和内涵也在不断扩充和发展。直到今天,人们仍然没有对电子商务下一个统一的定义,我们可以认为电子商务是以现代信息网络为载体的新型商务活动形式,是通过信息网络实现商品与服务的所有交易活动。

从公司视角看,电子商务既涉及外部市场的商业活动,也涉及内部的管理运营。通过互联网进行电子数据交换,企业的各类商业活动,如广告推广、网络营销、产品配送、业务协作以及售后服务等,都能得以实现。在公司内部,信息化和网络化管理有助于协调内部活动和外部活动。相较于传统贸易活动,电子商务具有以下优势和特征。首先,开放性的电子商务平台打破了商务活动对空间的依赖,为企业进入更广泛的市场提供了途径。互联网的覆盖范围为企业提供了无限大的市场,电子商务应用使许多服务可以通过信息技术完成,更好地满足人们的需求;其次,电子商务为全球商务活动的整合奠定了基础。电子商务实现了全球范围内的信息共享,这也要求企业在相应的技术条件下遵循相同的商务规则,推动全球商务活动的整合;再次,安全性是电子商务需要重点关注的问题,保护交易信息以及确保交易安全成为电子商务发展的重要环节,建立和完善电子商务相关法律法规,规范电子商务交易环境,是新时代面临的重大课题;最后,电子商务在打破空间障碍的同时,也对企业的协调能力提出了新的要求。商业活动是一个与供应商、客户、合作伙伴相互协调的过程。例如,在全球范围内实施开放、统一的技术标准,建立统一的商务平台和电子税收分配机制等。

(三)数据仓库、数据挖掘与商务智能技术

1.数据仓库

数据仓库是一种由面向决策者的多数据源集成的数据集合。数据仓库不是数据库,它面向的是决策者,用于管理层管理决策信息并进行分析,可以通过数据挖掘技术在数据仓库中获取决策分析所需的各项信息。

2.数据挖掘

数据挖掘是从大量数据中提取有用信息并对未来进行预测的过程。数据挖掘以挖掘对决策者有价值的、有用的信息为根本目的。

3.商务智能技术

商务智能技术目前仍然没有一个统一的定义,广泛的说法是通过信息技术收集、管理、分析信息和数据的过程或工具。商务智能技术的目标是改善决策水平,提高决策的及时性、正确性和可行性。

(四)信息系统集成技术

集成是将系统或系统的核心部分、核心要素连在一起使其成为一个整体的过程。在企业信息化中,集成用于构建复杂系统以及解决复杂系统的效率问题。笼统地说,信息系统集成能够优化企业业务流程,实施绩效的动态监控,有效解决信息孤岛化的问题。

根据信息层次的不同可将信息系统集成划分为物理集成、数据和信息集成以及功能集成三种。物理集成是构建一个包含硬件基础设施和软件系统的集成平台,实现系统运行与开发环境的集成;数据和信息集成是将数据与信息进行统一规划、存储和管理,实现不同部门、不同层级间高效的信息共享;功能集成是将各部门的各项功能进行统一规划和分配,在应用上实现各部门功能的协同处理。

根据集成内容的不同可将信息系统集成分为过程集成和企业集成两种。过程集成的实现是建立在信息集成上的,通过过程之间的协调为财务管理清除各项冗余和非增值的子过程,以及由人为或资源等造成的影响过程效率的各种障碍。企业集成包含两层含义:一是在过程集成基础上形成的由人、管理与技术集成的企业内集成;另一层含义是基于外部网络的企业与企业间信息

交换与业务处理的企业间集成。

二、财务管理信息系统的技术平台

财务管理信息系统的技术平台由各种网络化基础设施和软件系统组成。包括网络化硬件基础设施、支撑软件系统、应用软件系统、企业应用模型、企业个性化配置系统五个部分。

（一）网络化硬件基础设施

网络化硬件基础设施是指构成财务管理信息系统的硬件设备，为财务管理信息化的正常运行提供了必备的硬件环境。网络化硬件基础设施是财务管理信息化技术平台的物质基础，是实现财务管理信息化的前提条件。

（二）支撑软件系统

支撑软件系统是支撑财务管理信息平台的基础软件系统，包括网络操作系统、数据仓库、各种软件工具等。支撑软件系统的安全影响着应用系统和系统业务内容的安全。

（三）应用软件系统

应用软件系统是企业结合自身需求选择并实施的财务管理信息系统。通常，单个企业会选择资产管理系统、筹资管理系统、投资管理系统、预算管理系统、成本管理系统等几个软件系统，集团企业还需增加战略规划系统、风险管理系统和集团资金管理系统等集团财务管理信息化方面的应用软件系统。

（四）企业应用模型

企业应用模型是指企业信息化所采用的模型。企业可以根据自身情况与需求自定义企业应用模型，如业务模型、功能模型、组织结构模型等，并通过相应的支撑软件平台定义各模型的功能系统、组织结构，配置系统参数等。

（五）企业个性化配置系统

企业个性化配置系统能够根据企业的应用模型在系统中选择满足企业管理需求的功能，并能根据应用模型的需求配置各项参数，构建一个既符合企业特点又能满足企业需求的个性化系统。

第四节　财务管理信息系统的开发利用

财务管理信息系统与其他信息系统一样都是一个复杂的系统工程,涉及面广、关联的部门多,与企业的管理、业务、组织等都息息相关。

一、财务管理信息系统的开发方法

财务管理信息系统开发方法是软件开发具体工作方式的具体描述,详细给出了软件开发工作中各阶段的详细工作办法、文档格式、评价标准等。在确定了信息系统的开发模式后,就要按照一定的开发方法进行系统的开发。常见的系统开发方法有结构化系统开发方法和面向对象的开发方法。

(一)结构化系统开发方法

结构化系统开发方法是一种广泛应用且较为成熟的系统开发策略,它遵循系统工程的基本理念,将系统进行结构化和模块化处理,然后进行自上而下的分析和设计。具体来说,它将整个信息系统进行规划,将其划分成一些相对独立的阶段,并对这些阶段进行自上而下的结构化划分。在划分过程中,从最高层次开始,逐步深入到最低层次。在进行系统分析和设计时,首先从整体出发,再考虑局部。而在系统实施阶段,则采用由下至上的实施方法,从最底层模块开始。最后,按照系统由下至上地将模块拼接起来并进行调试,形成一个完整的系统。在系统划分过程中,通常将系统分为五个首尾相连的阶段,即系统规划阶段、系统分析阶段、系统设计阶段、系统实施阶段以及系统运行与维护阶段,这五个阶段也被称为系统开发的生命周期。

1. 系统规划阶段

根据系统开发的需求做初步调查,确定系统开发的目标和总体结构,明确开发过程中各个阶段的实施方法进行可行性分析,生成可行性分析报告。

2. 系统分析阶段

这是系统开发的第一个阶段,围绕系统开发的目标深入调查线性系统与目标系统,通过系统化分析建立系统的逻辑模型。在系统分析阶段,主要是对管理业务流程和数据流程进行调查并形成系统分析报告。

3. 系统设计阶段

该阶段是根据上阶段构建的系统模型设计物理模型,主要为总体结构设计和详细设计,形成详细的系统设计说明书。

4. 系统实施阶段

系统实施阶段是根据上阶段的设计进行程序设计与调试、系统转换、数据准备、系统试运行等。同时，还要形成相关技术文本，如程序说明书、使用说明书等。

5. 系统运行与维护阶段

这一阶段也是系统正式开始运行的阶段，主要任务是负责系统的日常管理、维护与系统评价。

（二）面向对象的开发方法

面向对象的开发方法是以人对客观世界的习惯认识与思维研究、模拟现实世界的方法。在这个方法中，客观事物都可视为一个对象，客观世界就是由一个个不同的对象构成的，每种对象都有自己的运行规律和独特的内部状态，不同对象之间相互作用、相互联系共同构成了完整的客观世界。面向对象的开发方法强调以系统的数据和信息为主线进行系统分析，通过全面、详细的系统信息描述指导系统设计。面向对象的开发过程通常分为需求分析、面向对象分析、面向对象设计以及面向对象程序设计四个阶段。

1. 需求分析

调查研究系统开发的需求和系统的具体管理问题，明确系统的功用。

2. 面向对象分析

在问题域中识别出对象以及对象的行为、结构、数据和操作等。

3. 面向对象设计

进一步抽象、整理上述分析结果并形成确定的范式。

4. 面向对象程序设计

将上一阶段整理出的范式用面向对象的程序设计语言直接映射为应用程序。

运用面向对象的开发方法时，系统分析和系统设计需要反复进行，充分体现了原型开发的思想。

二、财务管理信息系统的需求分析

财务管理信息系统的需求分析是十分必要的。无论信息系统采用哪种开发方式和开发方法，只有通过需求分析才能明确系统的功能和性能，为后续的开发奠定基础。需求分析实质上是一个逐渐加深认识和细化的过程，通过需求分析,能够将系统的总体规划从软件工作域逐步细化为能够详细定义的程度。

系统的使用者对需求分析也具有重要作用。使用者规定了基本的系统功能和性能,开发人员在使用者的基本需求基础上进行调查分析,将使用者的需求转换为系统逻辑模型,最终以系统说明书的方式准确地表达出来。下面以结构化系统开发方法为例,介绍需求分析阶段的目的以及财务人员的工作内容。

(一)需求分析的目的

需求分析是详细描述系统功能和性能的过程,它阐明了系统设计的约束条件以及与其他系统的交互细节。通过需求分析,我们可以将系统的需求具体化,为系统开发提供必要的信息和功能表述。在系统开发完成后,系统需求说明书将作为评估软件质量的重要参考。

信息系统开发的终极目标是实现目标系统的物理模型,也就是解决"如何做"的问题。物理模型是从逻辑模型实例化中得到的。与物理模型不同的是,逻辑模型不考虑实现方法和具体细节,只描述系统需要完成的功能和处理的数据。需求分析的任务是利用现有系统的逻辑模型推导出目标系统的逻辑模型,解决目标系统"要完成什么任务"的问题。创建目标系统的物理模型是信息系统开发的终极目标,而这个物理模型是通过逻辑模型实例化产生的,需求分析的作用就是通过现有系统的逻辑模型推导出目标系统的逻辑模型。

1. 获得现行系统的物理模型

现行系统的类型多种多样,所以在获得现行系统的物理模型这一步中,要对现行系统进行全面、详细的了解,最终通过一个具体的物理模型客观地反映出现行系统的实际情况。

2. 抽象出现行系统的逻辑模型

这一步骤的实质就是区分决定现行物理模型的本质因素和非本质因素,去掉其中的非本质因素,获得反映系统本质逻辑模型的过程。

3. 建立目标系统的逻辑模型

将目标系统与现行系统进行比较,确定目标系统与现行系统在逻辑上的差别,将与现行系统有差别的部分视为新的处理步骤进行相应的调整,由外至内地分析变化部分的结构,推导出目标系统的逻辑模型,最后进行补充和完善,获得目标系统完整、全面、详细的描述。

(二)需求分析的内容

需求分析的内容可以概括为问题识别和分析与综合。

1. 问题识别

通过分析研究系统分析阶段产生的可行性分析报告和系统开发项目实施计划,明确目标系统的需求、需求应达到的标准以及实现这些需求所需的条件。系统需求主要包括功能需求、性能需求、环境需求、可靠性需求、安全保密需求、用户界面需求和资源使用需求等。

2. 分析与综合

细化各系统功能,明确系统不同元素之间的联系和设计上的限制,分析其能够切实满足系统功能的要求,明确系统功能的每一项需求。在明确系统功能需求的基础上分析其他功能需求,进行合理的改进、补充和删改,形成最终的逻辑模型并详细地描述出来。

第三章　会计管理信息化

第一节　会计核算的信息化

一、会计电算化

(一)会计电算化的主要内容

1. 会计基础数据管理。
2. 总账管理。
3. 固定资产及折旧。
4. 存货管理。
5. 应收应付管理。
6. 现金(银行)日记账。

(二)会计自动化系统的核心功能

1. 在会计自动化系统中,中心组件即为全账组件,其在财务系统中承担权限管理的任务,主要对账户和操作员进行管理。此外,它还负责管理会计科目和辅助核算,包括对各部门、交易单位、项目、员工等的属性及设置进行修改。对于各种会计凭证的商业处理,如增删改、账务记载和复核,也在此组件的职责范围内。账本查询、预算管理以及期末结算等任务也由其承担。此外,它还能自动进行一般转账、成本结转、收支结转等管理工作。从数据角度来看,它也包括"导入导出"的管理,包括批量导入、自动导入,还具有数据备份和恢复管理等功能。

2. 通过操控会计科目设定,可以达成科目级别的灵活调整。无论是科目的初期数据或动态数据,系统皆有能力执行科目切割和整合的步骤,并且会自动调整对应的数据。该系统支持处理多种货币和数量的计算。而单一科目还能同时供应单位、部门、员工、统计和项目五种补充核算,结合科目编码的分发,此举实际上大幅提升了科目的辅助核算数量。除此之外,系统还附带科目批量复制的功能,且能够借助数字和字母两种方式定义科目编码。

3.凭证管理功能可以通过设计凭证模板来设定凭证的录入/打印格式。对于金额数据,系统可以进行语音报数。在录入凭证时,提供智能计算器功能,用户可以直接在借贷方金额栏目内输入数字和运算符,系统会自动进行计算并直接将结果填入当前栏目。当摘要和科目在给定的宽度内无法全部打印时,系统会自动缩小字体并换行,以适应打印输出的需求。系统还提供凭证冲销功能,可以自动生成冲销凭证,并且可以对凭证进行编号查询。此外,系统还提供分录复制、凭证复制、样板凭证功能,以便用户快速录入。支持审核时对错误凭证的标记功能。在录入凭证时,往来科目可以立即进行往来核销;现金或现金等价物科目可以直接进行现金流量分配。对于系统自动生成的凭证(如工资凭证、固资凭证、采购销售库存凭证等),用户可以直接查看相应的业务资料,并且支持凭证分册的功能。

4.普适转账系统不但支持普适转账交易,还能通过定制化的业务模型转账算式,自动生成普适转账凭证。算式的取值可以覆盖全部业务,例如总账、明细账、应收账款、应付账款、现金及银行存款、薪酬等,数据甚至能从金算盘电子数据表中直接输出,用以自动产生凭证。这种方法,能自动处理复杂的费用收集、分摊等问题。在制定算式的过程中,根据需要,可以自由设定条件,确定数据类型(金额或数量)及货币类型,算式亦可灵活组合。

5.终期结算系统拥有引导式的结算特性,并且能够独立完成账务处理,还能自动产生结束的账单。这份账单囊括总的资产责任及所有者权益、经营状态、已存的账务凭条,以及自动核实的票据顺序连续性、期末贬值是否已估计、汇率是否已在期末调整、是否进行了盈亏转换和资料是否已备份。

6.财务管理系统有能力处理多种货币,统筹管理货币类的收支业务,可自动产生账目凭据,定时执行银行对账,而且还可以对企业的票据进行管理。系统预设了如收发款汇总或详细列表、财务/银行流水账、尚未清账的已领用票据详情、银行余额调节表等。

7.管理应收应付资金是控制企业资金流的重要步骤,也是保持企业声誉和确保以低费用采购的有效方式。通过理财应收应付资金的主要任务是处理这些业务,指导用户利用现有的各种应收应付文档生成交易证明。

8.工资管理系统的主要职能包括处理员工薪酬的计算和发放,负责扣除个人所得税,提供费用预算和统计分析,以及生成各类薪资报告。

9.负责管理固定资产的系统主要在于对固定资产的数额变化进行财务统计、计算其折旧并将这些信息记录在固定资产卡片等相关文件上。同时,该系统还具备支持大规模固定资产变更的功能,能生成变动数据卡片,以及提供各种与固定资产有关的账本和报告。

与手工会计核算不同的是信息化会计核算的特殊性质：

（1）处理数据的起始点和结束点是不一样的

会计初始凭证在 IT 环境中，处理账务的启动点可能是账簿证明、初始许可或者是系统生成的证明。

（2）处理数据的方法有所区别

在手动操作的情景中，记账证据会由各自的财务人员依据所选的会计核算体系的程序录入到各自的账本里，以实现数据处理；而在信息技术环境中，数据的运算和归集则由电脑自动执行。

（3）存储数据的方式有所区别

在手动操作的情况下，会计信息被保存在像存根、日记账单或明细账等纸质文件中；而在信息技术的环境下，会计信息被保存在数据库中，并可以在需要时通过搜索或打印来调取。

（4）检验账目的策略存在差别

在手动管理的情况下，财务人员需定期核实总账、日记账与明细账的数据；在信息技术环境下，总账子系统依赖预设的财务软件自动、准确地去执行记录账务的功能，同时，明细和合计的数据会同步创建，并接受校验。

（5）查找会计信息的方式有所不同

在非电子环境中，财务团队在创建紧急的数据报告时，需要做大量的工作，财务团队利用信息技术可以通过搜索功能迅速完成查找和统计任务。

二、财务业务一体化

财务业务一体化作为会计电算化发展的下一步，是我国财务软件行业在 20 世纪 90 年代提出的独特概念。其实质是企业资源规划（ERP），要求业务模块的数据能够从信息系统中传递到财务模块，自动生成相关会计凭证，从而显著提升会计工作效率，减轻会计人员的工作负担。这一理念在国际传统 ERP 理论中也有所体现。财务业务一体化的概念代表了我国财务软件行业的发展趋势。在当时，我国的财务软件厂商纷纷开发了进、销、存等业务模块。至今，这些厂商的 ERP 转型之路仍在继续。

国外成熟的 ERP 厂商已经实现了业务模块和财务模块的紧密结合。业务模块数据产生后，财务模块会自动生成财务凭证，而且大多数情况下，财务模块的数据无法调整，必须从业务模块开始进行调整。财务业务一体化主要包括以下五个方面：①财务管理架构；②业务与财务一体化的系统架构；③财务业务一体化的处理流程；④采购、库存、应付账款及总账模块；⑤应付账款模块与固定资产管理模块等。

三、会计集中核算

会计需要进行集中核算,业务框架的关键点包括:

1. 多公司、多行业、多组织会计。
2. 财务对业务的实时监控。
3. 财务系统与业务系统数据的共享与安全。
4. 各核算主体财务数据的共享与安全。
5. 科目结构能满足各层级单位的需求。

第二节　出纳管理的信息化

出纳管理信息化是信息时代下财务管理信息化新的发展方向,将出纳管理与现代信息技术有机结合,顺应了信息化时代发展的趋势。在网络环境下,出纳管理信息化是企业管理层获取信息的主要渠道,能够有效解决会计电算化造成的"孤岛"现象,提高企业的决策能力与管理水平,增强企业竞争力。从中国会计信息化的发展历程来看,会计信息系统得到了广泛的应用,特别是各大、中型企业都在不同程度上实现了会计信息化。随着现代信息技术的发展,会计信息系统的功能进一步增强,功能越来越多,能够满足不同会计业务的需求。但从中国会计信息化发展的总体来看,尽管在几十年的发展中取得了可喜的成绩,但仍存在一些亟须解决的问题。

一、出纳信息化的理论发展

在我国,出纳信息化是从会计电算化与会计信息系统这两个概念中派生出的,是区别于会计电算化的全新概念。各界对于出纳信息化与会计信息化的理解仍没有形成统一的说法,对于出纳信息化与会计信息化内涵的把握一直是学界探讨的课题。

会计信息化的最终目的并非仅建立会计信息系统,还包括通过现代信息技术手段开展对会计信息系统和内部控制制度的审计,对内部控制制度的执行进行审查,保障制度的有效执行,最终实现会计信息系统安全、有效地运行。

二、出纳信息化的概念与意义

(一)出纳信息化的概念

出纳信息化指的是依赖于计算机、网络通信等技术的信息科技在出纳行业中的应用,包括收集、加工、传递以及运用财务信息,目标是为企业的运营管理、决策构筑和商业活动提供足够、及时、多元的信息支持。利用这种以信息科技为核心的方式为会计学习注入新的活力,与古板的会计工作相结合,使其在财务计算、商务处理等领域履行主要功能,例如,实践会计基本理论、实际操作、学习方法和管理模式的信息化。

(二)出纳信息化的特征

1.普遍性特征

现代信息技术要全面应用于出纳的所有领域。准确地说,在现阶段,出纳信息化仍以传统出纳理论为指导,仍没有对传统出纳理论进行修正与更新,更没有建立起适应现代信息技术发展的出纳理论体系。出纳信息化要求在理论层面、工作层面、出纳管理、教育领域中普遍推广并形成完整的、较为成熟的应用体系。

2.集成性特征

为了适应出纳信息化中的新型组织和管理模式,我们将对传统出纳的组织和业务流程进行调整和重构,以实现信息的整合。这种整合包括会计领域、企业内部领域以及企业与外部利益相关者的信息整合。在会计领域,信息整合意味着财务会计和管理会计之间的信息整合,以协调和解决会计信息真实性和相关性的矛盾。企业内部的信息整合则是实现企业内部财务业务的一体化,确保业务信息和财务信息之间的无缝连接。企业与外部利益相关者的信息整合则是实现企业与外部信息的高度共享和整合。企业内部及外部利益相关者与企业有关的原始数据,只需输入一次,便可实现分次或多次利用,这大大减少了输入次数和工作量,同时保持了数据的一致性和共享性。会计信息系统是建立在会计信息化基础上的多元化、数字化、动态化的信息系统,它是企业内部信息系统与外部信息系统的有机结合,具有强大的适应能力,能够满足不同企业的个性化需求。

3.动态性特征

出纳信息化的动态性特征主要表现在出纳信息的动态性、出纳信息处理的实时性以及会计信息发布的实时性与动态性三个方面。出纳信息的动态性是指出纳信息的采集是动态的。无论是企业内部的数据还是企业组织外部的数据,抑或局域数据还是广域数据,数据在产生后都会自动存入相应的服务器并被传送到会计信息系统中等待处理。

在会计信息系统中,出纳数据在进入信息系统后,立刻就会有相应的处理模块对输入的信息进行分类、汇总、计算、分析等操作处理,使信息能够动态地反映企业的财务状况与经营状况。

会计信息采集的动态性及会计信息处理的实时性使会计信息的发布具有实时性与动态性特征,会计信息的使用者能够及时获取动态的会计信息并作出相应的决策。

4. 渐进性特征

运用现代信息技术重构出纳模式是一个具有主观能动性的渐进改造过程。首先,实现出纳核算的信息化,建立核算型会计信息系统是现代信息技术适应传统出纳模式的过程。其次,实现出纳管理的信息化,传统出纳模式会计理论、工作方法会出现局部细小的变化以适应现代信息技术的应用,现代信息技术在出纳工作中的应用范围扩大,这是现代信息技术与传统出纳模式相互适应的过程。最后,通过上述两个过程奠定出纳模式重构的基础,构建现代会计信息系统,实现全面出纳信息化,即出纳核算信息化、出纳管理信息化以及出纳决策支持信息化。

会计电算化与会计信息化都是在会计业务处理中运用现代信息技术手段,以提高会计工作效率和企业财务管理水平。但会计电算化在实质上仍以手工会计核算的思想为指导,相比于会计电算化系统,在企业环境下,会计信息化系统在技术上和内容上都是对会计电算化的质的超越,二者在内涵上也有极大的区别。

(三) 出纳信息化的条件

知识经济的发展催生了出纳信息化的概念。在新时代的背景下,各行各业都需要作出相应的改变,以适应时代的发展。在信息化时代,会计业务充分利用现代信息技术,提升财务信息的传输和处理速度,以及信息的质量,这是符合时代发展,满足知识经济对财务信息需求的最好选择。企业信息化是推动出纳信息化发展的关键因素。首先,会计信息系统是企业管理信息系统的重要组成部分,企业超过七成的信息都由会计信息系统产生,而出纳信息化是企业信息化的核心部分,对推动企业信息化建设起着关键的作用。企业管理信息化建设离不开会计信息化,如果没有会计信息化,企业管理信息化的建设就无从谈起。其次,会计信息系统的开放性是企业管理信息化发展的必然要求。企业管理信息化的发展需要各种信息数据的高度共享和及时传输,为各部门提供综合、全面的信息服务。因此,会计信息化的建立是实现企业管理信息化的关键条件。

出纳信息准确性和真实性的问题,是出纳信息化概念产生的直接原因。出纳信息的准确性和真实性不仅对企业经营管理至关重要,它可以帮助企业管理层正确、全面地认识企业资金总量和财务成果,同时也是国家制定各种经济政策的重要客观依据。

传统的出纳模型与现代信息技术之间的矛盾是出纳信息化产生的内在动力。传统出纳模型是工业社会的产物,对应的是工业社会经济环境与手工信息处理技术。而在信息化时代下,会计业务所处的社会经济环境与信息处理技术发生了翻天覆地的变化,若不及时作出相应的改变将会面临被时代淘汰的危机。

(四)出纳信息化的意义

出纳信息化的概念在中国提出的时间较晚,发展的时间较短,对这一概念的解读与内涵的分析仍不够深入,但不可否认的是,出纳信息化随着信息化的不断发展终将成为一股不可阻挡的趋势,出纳信息化无论是在理论层面还是在实践层面都将对会计的发展产生重大影响。

第一,一方面,出纳信息化的实现使会计信息系统真正地成为企业管理系统的一分子。涉及企业各项业务的信息都可以直接从企业内部系统与外部系统中直接抽取,并自动汇总到会计信息系统进行处理。会计自此将打破传统会计记账、算账模式的局限,充分发挥其管理控制功能,信息使用者可以随时在会计信息系统中获取动态的、准确的数据信息,合理预测出企业未来的财务形势,制定出适合企业管理和未来发展的科学决策。另一方面,对于会计假设而言,信息化时代环境下的会计主体不仅包括拥有资金和厂房的现实企业主体,还包括互联网上的虚拟公司和网络公司。为了实现特定的目标,这些公司会暂时结合在一起,目标实现后再解散,会计假设中的持续经营、会计分期和货币计量的基本前提都受到了严重冲击。会计信息化实现了企业内部网络与外界网络的互联,使用者可在经过授权后随时通过系统获取会计信息。

第二,信息技术的应用有效提高了信息的及时性,对提高信息的预测价值和反馈价值、加快信息流动速度、提升企业管理水平具有重要意义。此外,会计信息系统能够直接获取数据并进行分析,能够避免徇私舞弊的情况发生,提高了会计信息的真实性与可靠性,提高了会计信息质量。

第三，大多数会计软件仍是基于手工处理流程设计制作的，独立于其他系统之外。会计信息化使会计系统与其他业务系统连接起来，成为一个高度自动化、信息处理实时化的系统。由于与其他业务系统的连接，会计系统可以直接从其他系统中抽取数据信息，同时能对信息进行汇总、整理、加工、分析等操作。生成的会计报告可通过网络传输，提高会计信息的及时性，用户可随时在会计信息系统中获取信息，极大地提高了工作效率。

21 世纪是科技大发展、知识大爆炸的时代，在充满机遇和挑战的社会大环境下，出纳人员既要熟练掌握出纳基本原理与会计电算化技术，还需要学习通信技术、决策过程、组织与行为观念等方面的基本理论。出纳信息化是一种全新的出纳理论与观念，是现代信息技术与出纳有机结合的产物，是出纳在信息化时代发展的必然趋势。出纳人员要紧跟时代潮流，把握趋势，勇于接受挑战，推动我国出纳信息化的发展。

三、出纳信息化与会计电算化的区别

(一)历史背景区别

会计电算化是工业经济社会的产物，随着工业的发展，会计业务的处理量大大增加，完全手工的处理方法渐渐无法适应工业社会发展的需要，因此采用了计算机处理出纳业务，加强信息处理能力。出纳信息化是信息社会的产物，信息社会中企业的财富是企业经营管理与信息处理运用双管齐下的结果。社会信息化是信息社会的要求，企业是社会的一个有机组成部分，社会信息化势必要求企业信息化，企业信息化必然要求出纳信息化。

(二)目标的区别

会计电算化系统是从手动会计系统中演化出来的，其核心的商业处理和流程与手动操作几乎相同，目的是通过使用计算机处理会计事务，以减少冗余的手动操作，提高信息处理的效率。根据企业经理人的需求设计出的现金管理信息化系统，旨在实现会计工作的数字化管理，最大化会计在企业管理和决策制定中的关键作用。

(三)技术手段的区别

会计电算化系统在开发设计时受当时环境因素的影响，主要是对单一功能的计算机设立的，后面开发的会计电算化软件也是在此基础上进行的发展与完善。出纳信息化系统是基于网络环境的创新设计，以计算机网络与现代信息技术为主要技术手段。

（四）功能范围与会计程序的区别

会计电算化是在传统手工出纳模式的基础上形成的，是对手工出纳的改进。因此，会计电算化在会计程序上也与手工出纳程序类似，都从记账凭证开始，最后的经济业务记账、转账和提取报表等通过计算机完成。出纳信息化是会计业务顺应信息化时代要求设计而成的，具有实时性、准确性和及时性特点。出纳信息化系统具有业务核算、管理出纳信息及决策分析等功能，通过信息技术与信息管理原理对会计流程进行重构。

（五）信息输入输出对象的区别

会计电算化系统的建立主要考虑的是财务部门的需求，为提高财务部门的工作效率而设，主要负责财务部门会计信息的输入和输出，信息的输出也主要采用打印后送报各部门的方式。出纳信息化系统是构成企业管理信息系统的重要组成部分，可以直接从企业内部和外部系统中直接获取信息，信息的输出通过网络实现，各部门和组织机构根据授权可在系统中直接读取信息。

（六）系统层次的区别

会计电算化系统主要为财务部门服务，属于部门级应用系统。出纳信息化系统是企业信息化系统的一部分，属于企业级应用，能够为财务部门、企业决策层、信息管理层提供服务。

四、出纳信息化存在的问题

（一）出纳信息化理论研究滞后

我国出纳信息化发展的一个重要制约因素是相关理论研究滞后。当前的出纳理论很少考虑到计算机和网络技术对会计行业的变革，这导致了出纳信息化进程的严重受限。具体来说：

理论研究不足对出纳信息化的发展产生了制约。在探讨出纳信息化理论时，很少将信息技术和网络技术的发展对会计领域的影响纳入考虑。以会计假设理论为例，会计假设是构建传统会计理论的基础，它是一种划定时间和空间范围的二维平面单向传递概念。然而，在信息时代背景下，会计假设对会计信息系统的支持明显不足。首先，会计主体是企业，随着企业的发展，会计主体的外延不断变化，呈现出模糊性，这需要重新认识和扩展会计主体假设的空间范围。其次,在市场经济条件下,各种不确定因素大大增加,这些因素可能导致企业解体,与持续经营假设产生矛盾,从而缩小了会计的时间范围。最后,信息环境下的会计信息化打破了传统会计的界限,使会计核算从事后变为实时,财务管理从静态变为动态,会计分期假设的时间和端点都消失了。此外,基于传统会计假设的会计原则也无法满足会计信息化的需求,需要在新的会计假设理论的基础上重新设定。

(二)财务数据的共享问题

企业在生产、经营活动中主要表现为信息流、资金流与物流的统一。然而,仅通过财务部门使用财务软件无法实现对信息流、资金流和物流的有效控制,各部门须将业务信息纳入财务软件管理范畴之中才能使其功能扩展至企业经营管理的方方面面。建立财务信息和业务信息一体化,真正地实现信息的高度共享,才能多方位、多层次地呈现可信、可靠的决策信息。但事实上,我国目前仍存在一部分无法真正实现财务信息和业务信息一体化的企业。由于企业管理层缺乏管理意识,或企业资金困难、人才匮乏、业务链脱节等原因而无法实现信息的高度共享,对我国企业会计信息化的发展造成了不良影响。在信息时代,网络成为财务信息传递的主要方式,如何保障财务信息在传递过程中的真实性与可靠性成为信息化发展进程中需重点思考的问题。在信息时代,传统的会计数据被电子符号所取代,作为信息传输重要媒介的纸介质也被磁介质所取代,在财务数据传输过程中传统的签字盖章等确认方式和手段也逐渐消失,网络上传输信息的真实性无法得到可靠的确认。尤其是一些跨国集团企业,主要通过网络交换信息和传输数据,然而开放的网络也存在众多风险与隐患。此外,企业内部信息使用权限划分不明、内部管控松弛等也容易出现信息泄露和滥用信息的问题。可见,信息化环境下如何确保财务信息的真实性、安全性与可靠性是会计信息化未来发展中必须考虑的问题。

第三节　账务处理的信息化

作为会计信息系统的核心,账务处理系统不仅具备账务处理的功能,还能为其他子系统提供数据处理功能,满足各子系统的数据处理需求。建立优良、高效的账务处理子系统是会计信息化建设的关键环节。

一、账务处理子系统概述

(一)账务处理子系统

会计以全面提高企业经济效益为目的,对企业一切经济活动实施系统、全面、连续性、综合性的核算与监督,并以此为基础对企业经济活动进行预测、分析、控制与决策。通过会计核算、会计控制与会计分析等方法实现会计任务,其中,会计核算方法是最基本的会计方法。任何一项经济业务都是从填制凭证开始的,经审核后录入到不同的账簿中,为之后的财务核算、编制报表、财务分析等提供信息。因此,将会计核算的账户设置、复式记账、填制凭证、审核凭证以及登记账簿等工作方法称为账务处理。

(二)账务处理子系统的特点

国外会计信息化系统中的总账系统大致与我国的账务处理系统相同。国外的总账系统既能产生总账,也能产生日记账、明细账以及对外提供的会计报表。与国内账务处理系统不同的是,国外的总账系统不具备银行对账功能和往来账辅助管理功能,且通常不会产生带有数量、金额的明细账。

相比于其他会计子系统,账务处理子系统具有规范性强、一致性好、综合性强、准确率高的特点。

复式记账法是全球通用的会计记账方法,也是账务处理子系统的基本原理。企业会根据自身业务量选择相应的登记总账的方法,但账簿最终的格式大致相同。正是因为账务处理子系统具有极强的规范性与一致性,软件市场上到处可见各式各样的账务处理系统软件包。企业在建立会计信息系统时也可以考虑选用账务处理系统软件包,节约系统开发成本。

账务处理子系统是会计信息系统的核心,以货币为主要计量单位,能够全面、综合、系统地反映出企业供、产、销的情况,具有强大的综合性与概括性。而会计信息系统的其他子系统既能以货币作为计量单位,还能使用实物数量指标,但只能局部地反映企业供、产、销在某个环节或某类业务的情况。账务处理子系统生成的报表能够准确地反映出企业全部的经营状况与财务状况。此外,账务处理子系统还是会计信息系统中各子系统之间交换数据的平台,既能接收其他系统的记账凭证,并自动记账,还能向其他子系统传输需要的账目数据,通过账务处理系统能将会计信息系统中其他子系统进行有机结合,形成一个完整、有序的会计信息系统。

　　账务处理子系统生成的财务报表非常重要,不仅要提交给企业的投资人和债权人,还要向国家财政部门、税收部门、审计部门等政府部门和银行部门提交,如果报表数据错误将会造成严重影响和重大损失。企业投资人和债权人会根据报表数据评估企业的经营状况制订投资决策;财政部门会根据报表数据统计经济指标制订经济方针与政策;银行根据报表数据对企业资金的使用进行监督。因此,账务处理子系统的正确性是确保报表数据真实性、正确性的基础。此外,要从根源上保证报表数据的准确性。报表的数据来源是账簿,账簿的数据来源是各种单据凭证,因此,从单据凭证开始就应加强数据准确性的控制,强化账务处理各流程环节的监控,避免错误的发生。

(三)账务处理子系统的功能

1. 初始化功能

　　财务处理子系统具备较高的通用性,不仅能体现会计核算与财务管理的基本特性,还能灵活适应不同企业、部门的具体业务需求。在应用财务处理子系统之前,企业需要进行初始化设置。通常,财务处理子系统软件终端包含初始化功能模块,可以设定科目、凭证类型、初始化余额,分配不同工作人员的操作权限等。科目设定是向系统输入会计核算过程中所使用的各类科目,设定结果需存于科目文件中。科目设定是财务管理的基础,财务人员可以根据自身业务需求设计合适的会计科目体系。凭证类型设定与科目设定差异不大,主要是管理凭证类型,设定完成后需将结果存于凭证类型文件中。大部分财务处理子系统软件凭证类型功能设定都相对完善,财务人员可以根据自身业务需求选择合适的凭证类型。

　　载入初始余额可使手工账簿内容与计算机账簿内容具有继承性和连续性。载入初始余额是指在计算机中输入手工账簿各科目的余额,并在汇总文件中保存初始余额。载入初始余额的方法有两种:一种是在计算机中装入开始使用会计信息化系统的初始月份的月初余额;另一种是载入年初余额以及开始使用会计信息化系统的当年每个月的发生额。在载入所有余额后,需按照平衡公式及"总账及其下属明细科目"自动试算平衡。试算平衡通过后还应再检验载入的余额是否正确。

分配不同工作人员的使用权限。在会计信息化系统中,财务主管具有最高权限,可以使用分配人员使用权限的功能模块,也可进行授权和撤销权限的操作。各人员的使用权限设置完成后,需将设置结果保存在人员权限文件中。账务处理子系统的初始化功能模块中除上述介绍的几种功能外,还具备代码设置、结算方式设置、自动转账分录、币种及结算汇率设置等功能。完成了账务处理系统的初始化设置后就可以通过系统处理账务事务了。

2. 凭证处理功能

凭证处理模块的功能涵盖凭证的录入、审核、检索和打印等日常操作。录入凭证的过程就是将凭证信息输入到账务处理子系统中,财务人员在录入过程中可以进行编辑和修正,完成后需要检查录入结果,确保正确无误后保存到凭证文件中。凭证审核是对录入凭证的正确性、有效性、合法性的全面审查。凭证审核的目标有两个:一是查找凭证录入过程中难以发现的错误,如借贷方向颠倒、借贷金额同时增加或减少等;二是为审核合格的凭证添加一个审核标记,只有带有审核通过标记的凭证才能记账。通过审核的凭证不能再进行修改、删除等操作,除非取消审核,而取消审核的操作只能由审核人执行。通常,凭证审核模块有两种审核方式:一种是静态屏幕审核方式,另一种是二次输入审核方式。在凭证审核模块中,录入员和审核员不能是同一个人。在查询和打印凭证功能模块中,无论是未经审核的凭证还是已审核通过的凭证都可以进行查询和打印。使用者还可以根据日期、凭证类型等设定查询、打印的范围。

3. 记账与结账功能

在财务处理信息系统中,记账和结账是数据处理的两个重要环节。

记账是财务处理系统根据凭证文件或通过审核的临时文件更新账务数据库文件,之后自动生成制作账簿和报表的各项信息。实际上,记账的过程是较为复杂的,不仅涉及多个数据库文件,还需妥善处理传递关系,对数据进行加工。因此,传统的手工记账十分容易发生错误,且工作量巨大,耗费时间长。在会计信息化体系中,记账工作基本全部由计算机完成,不仅提高了工作效率,还能够有效避免传统手工记账中容易出现的错误。此外,账务处理系统中还提供了灵活多变的记账方式,使用者可根据自身业务特点选择记账方式,既可以每制作一张凭证就记一次账,也可以一天一记、一天数记、数天一记。记账模块的处理过程也可以根据不同的数据流程任意选择。

记账模块的处理流程大致包括四个步骤:记账凭证的平衡性检验、记账前的数据备份、开始记账、关闭所有文件并结束记账。结账功能是一种只能在结账日使用的批处理。根据企业要求在结账期进行转账业务处理与结算。若为月结则需标记结账当月的期末余额；若为年结则需做年处理。在账务处理子系统中可进行跨月记账，如上个月没有完成结账，仍可以输入这个月的凭证并进行记账；前一年12月没有结账，来年仍可以输入凭证并进行记账。结账的处理流程大致分为三个步骤：结账前状态的保护、结账前的必要检查以及结账处理。

结账前状态的保护是指在结账前将所有数据进行保护性备份，避免因操作错误或其他突发状况中断结账操作而引起的系统混乱、账目混乱等。实施结账前状态保护后，就算结账过程中发生系统混乱的情况，账务处理系统也能在系统恢复正常后还原到结账前的状态，继续进行记账。结账前的必要检查主要包括检查上个月是否未结账以及本月是否存在未记账的凭证。若上个月未结账或本月有未记账的凭证，则不可进行本月结账工作。结账处理的主要工作内容是为结账的凭证添加结账标志。已经结账的月份不能再输入凭证和记账。如果结账的月份为12月，在结账后还应生成下一年的空白账簿文件并结转年度余额。

4.账表输出与关系服务功能

账务数据处理子系统能够按照特定的需求对财务数据进行排序、汇总等操作，并将结果以表格形式输出。输出的方式包括打印、磁盘存储和屏幕显示。可以输出的账务表格类型有总账、明细账、日记账、对外报表以及综合查询结果。综合查询是一种特殊的财务数据输出方式，财务人员可以通过输入指定的条件从相应的数据库文件中获取所需的记录数据。这些指定条件可以包括单一条件，如日期、经手人、审核人、支票号等，也可以是多个单一条件的组合。子系统服务功能主要包括口令密码的修改、会计数据的备份与恢复、系统的日常维护以及获取外部数据等。

口令密码是用户在账务处理子系统中使用的授权凭证。用户在通过系统授权后会获得一个初始口令密码，为了防止密码泄露，用户需要修改初始口令密码并定期更新。会计数据的备份与恢复是为了防止会计信息系统软件和硬件故障而进行的保护性备份。通常的做法是将存储在硬盘上的数据备份到软盘上。在进行数据备份时，需要给出备份数据字节、所需时间、备份进程等相关提示。在进行数据恢复时需要提前确认，谨慎操作，因为数据恢复会将现有的账务环境完全覆盖，为了避免再次造成数据损失，可以设置恢复密码、恢复日期的核对等功能。系统维护功能的作用是对系统磁盘空间进行管理，及时排除故障、消除计算机病毒等，确保系统正常、有序、高效地运行。

5. 辅助管理功能

在账务处理子系统中,除必要的会计核算功能模块外,还提供了一些辅助管理功能,如银行对账功能,除了提供了多种对账方式外,还具备自动获取对账单、输出对账结果、删除已达账项等功能;往来核算与管理功能,可建立往来单位通信录、查询往来记录、往来核销记录、设置期初未达往来账等;项目核算与管理功能,通过项目定义、项目账表输出等方式进行成本管理与收入核算;自动转账功能,定义自动转账分录、自动生成转账凭证、获取外部数据等。

(四)账务处理子系统与其他会计核算子系统的关系

与账务处理子系统关系较为密切的其他会计核算子系统主要有工资核算子系统、固定资产核算子系统、材料核算子系统、成本核算子系统等。

1. 账务处理子系统与工资核算子系统的关系

工资核算子系统用于企业职工工资及福利基金的核算,根据职工数据及其他相关数据核算职工工资,如应发工资、实发工资、福利基金等,核算结果汇总后转送至相关部门。工资处理子系统涉及银行存款、职工工资核算、企业管理费等科目的总分类核算,需向账务处理子系统传送记账凭证。

2. 账务处理子系统与固定资产核算子系统的关系

固定资产核算子系统根据固定资产的各项数据如固定资产的增加或减少、修理费用、折旧等制作成记账凭证,并向账务处理子系统提供不同科目的总分类核算数据,如固定资产数据、在建工程数据、无形资产数据等,账务处理子系统会根据这些数据制作总账和明细账。

3. 账务处理子系统与材料核算子系统的关系

材料核算子系统根据外购材料的采购凭证、收入凭证和发料凭证,计算材料采购的成本(计划成本与实际成本)、成本差异以及材料领取的内部转账凭证,按规定编制相关凭证并向财务处理子系统传送分类科目的记账凭证。

4. 账务处理子系统与成本核算子系统的关系

成本核算子系统对其他子系统的费用类数据进行汇总与整理,按照一定的标准分配到各车间、各产品中去。成本核算子系统的数据来源于多个子系统,如工资核算子系统、材料核算子系统、固定资产核算子系统等。成本核算子系统会将费用类数据的记账凭证传送到账务处理子系统中,登记总账和明细账。

二、账务处理子系统的设计

(一)账务处理子系统的数据流程设计

通过分析企业账务处理任务可以得到账务处理子系统的基本数据处理流程。大致上账务处理子系统的数据处理流程包括五个步骤:建账、记账凭证的录入与审核、凭证分录、自动转账以及结账。

1. 建账

建账是账务处理子系统日常工作的第一步,主要工作内容是建立初始账户,并对账户进行相应的设置,如输入科目编码及名称、设置账户余额等。

2. 记账凭证的录入与审核

保存录入的记账凭证至记账凭证库,然后才能进行记账操作。日记账、明细账、专项账可以直接根据记账凭证进行登录,而总账需要先进行科目汇总后再进行记账。在一个会计月份内,可以进行多次记账操作,后续的记账将在前一次记账结果的基础上进行。记账完成后,记账结果可以在账簿中进行查询和打印等操作。通常情况下,记账凭证在登录后就不能进行修改,但在实际操作中,为了增加系统的灵活性,只要报表账簿没有正式输出,就可以撤销记账,使凭证恢复到记账前的状态,对于修改后的凭证需要重新记账。因此,只有月末结账并正式输出后的账簿才是真正有效的。

3. 凭证分录

不同的科目要分录到不同的账目中,如现金科目应记入到现金日记账中,存款科目应记入到银行往来日记账中。

4. 自动转账

完成记账后,系统会自动在相关账户中提取数据并生成转账凭证,进行自动转账。

5. 结账

结账是在完成最后一次记账后进行的操作。在结账时,记账凭证库会作为后备处理,之后清空数据库,为下个月记账做准备。对科目数据库、银行对账库、账簿数据库等也进行相同操作。此时已无法修改上个月的记账凭证,因为上个月的记账凭证已经从记账凭证数据库中删除了。如果上月凭证中存在错误,应在当月凭证中用红字凭证冲销上个月的错误凭证。账务处理子系统与会计信息系统中的其他子系统可进行数据互联,能够互相从对方系统中读取数据。

（二）账务处理子系统的业务流程设计

账务处理子系统的基本业务处理过程大致上可分为系统初始化阶段和日常账务处理阶段。在系统初始化阶段可进行参数设置、科目设置、科目类型设置等基础性设置，还提供输入账户余额、客户往来账户余额等功能。日常账务处理阶段一般以月为基本单位。一个月的账务处理流程完成后便可进行下个月的账务处理业务。日常账务处理的主要内容有：输入记账凭证，可根据实际情况对凭证进行修改；对录入的凭证进行复核；进行科目汇总和记账；月末时的试算平衡、转账、对账和结账；账簿与报表的打印；银行对账。其中，凭证复核、记账和结账是日常账务处理的关键环节，在实际工作中，为了保证账务处理系统的灵活性，允许取消复核、取消记账、取消结账的操作，使凭证恢复到之前的状态，当然，这些取消操作都由有权限的专人操作。

（三）账务处理子系统的科目编码设计

账户编码是账户的主关键字，在账务处理子系统中，通过科目编码可以很容易地识别各账户以及各账户凭证中的各分录。此外，科目编码是账务查询的关键依据。科目编码的重要性决定了科目编码设计的重要性，编码需具备一定的结构性、代表性，才能方便使用者的使用。

（四）账务处理子系统输入界面的设计

在账务处理子系统的输入界面中应设有各种输入界面，如记账凭证输入界面、科目信息输入界面等。根据账务处理业务来看，记账凭证输入界面应是使用率最高的输入界面。在记账凭证输入界面中还应设计收入、支付、转账以及通用记账凭证等不同格式以便使用者根据需要自由选择。

三、账务处理子系统的操作

（一）记账凭证的输入与控制

记账凭证的输入除了输入数据外，还可进行数据追加、数据删除、数据修改等操作，并对输入的记账凭证进行校验。在输入记账凭证时需遵守五点基本要求。第一，记账格式与凭证模式应保持一致；第二，确认记账日期应为当前月份，记账凭证号应为连续号码；第三，确认输入科目是否正确。理论上来讲，会计科目是在科目管理环节输入并确认过的，如果在科目库中没有找到要输入的科目，允许在输入凭证的环节增加科目；第四，在记账凭证中，借贷方合计金额应是相等的;第五,如果输入的科目中包含辅助核算,应当输入辅助核算需要的信息。如在输入库存商品科目时,还要输入商品的数量、单价等信息。

(二)明细账的记账过程

明细账是对总账核算内容的详细分类记录,用于反映特定经济活动的财务状况。它是对总账的补充和详细说明,并为会计报表的编制提供重要依据。明细账格式的三个基本要素是总账科目名称、业务发生日期和编号以及业务摘要,无论明细账采用何种格式编制都应以这三个要素为基础。

总账科目名称通常是会计法规定的一级科目。如果某个科目的明细较多,可以在总账科目下设置明细科目分别汇总。在大多数情况下,明细账都是按照时间顺序依次登记的,也可以按照业务发生的情况分别登记。编号是指记账凭证的编号,设置编号主要是为了方便查账和审核使用。业务摘要用于反映业务内容,因此摘要应简单明了。通常情况下,填写的摘要应当与记账凭证的摘要相同,但对于业务繁多且复杂的记账凭证,可以再分别写出其他摘要。记账时,填写的金额应当与原始凭证上的金额以及记账凭证上的金额相同,在填写过程中还应特别注意借贷方向,切勿填错借贷方向。

(三)月末处理过程

1. 自动转账的过程

月末时,财务部门需编制转账凭证进行转账。传统的手工账务处理方式不仅耗费大量时间,还容易产生数据错误。在会计信息化系统中,账务处理基本全部通过计算机完成,到了月末,系统会自动从账户数据中抽取数据生成转账凭证进行自动转账。

在账务处理子系统中,为了实现系统在月末自动转账,首先需要设定转账凭证格式。在此过程中,转账公式是决定转账格式的重要元素。转账公式主要由转账函数组成,常见的转账函数包括 QC、QM、FS 和 JG。QC 代表在指定科目中提取给定期间的期初余额;QM 表示在指定科目中提取给定期间的期末余额;FS 表示在指定科目中提取给定期间的借方余额或贷方余额;JG 则代表获取对方科目的总和。完成转账格式的设定后,系统将出现相应的科目。如果该科目的记账凭证已经完成记账,系统将启动自动转账程序。自动转账程序会根据相关账户的数据自动填写转账凭证,并将生成的转账凭证保存到记账凭证数据库中。转账凭证在复核通过后可以进行记账处理。转账公式的设置是自动转账功能实现的关键,系统会依据设置的转账公式自动读取相应账户的数据。在设定转账函数后,系统将对转账函数进行分析,并将函数参数放置到对应的参数区。接着,系统根据科目编码查找对应的数据库,如总账库、明细账库、日记账库等。系统再次对函数进行判断,并依据系统分析进行相应处理。这一过程会反复进行,直至系统处理完所有转账公式。

2. 对账的过程

对账的目的一是为了检查记账的准确性,二是为了检验账簿的平衡性。对账即账簿数据的核对,既是账簿与账簿数据的核对,也是账簿与凭证数据的核对。通常情况下,在账务处理子系统中,只要记账凭证的录入是正确的,那么记账后的账簿应是准确、平衡的。但计算机病毒、非法操作以及一些其他原因可能会破坏系统数据,造成数据不符的情况。账簿与账簿的核对能够检查账簿的平衡性,账簿与凭证的核对能够检查出是否存在记账错误。

3. 结账的过程

在本月所有凭证均已记账且自动转账、对账等均正确后即可进行月末结转。结转后意味着:在月末,本月的所有凭证都已完成记账和自动转账,且经过对账确认无误后,便可进行月末转结。结账时,本月记账已全部完成,输出的账簿与报表均已存档,本月的所有凭证将无法再进行修改,如果发现本月凭证中存在错误,只能在下个月记录一笔相反的分录将其抵消掉。本月的全部凭证将被储存到后备库中,记账凭证库与分录库将会清空,输入控制参数已确定为下个月的参数值。结账的最后,需建立下个月的初始账簿,本月的月末账单置入下个月的初始账簿成为下个月的期初余额。若此时已有下个月的凭证在凭证库中,可以进行记账操作。完成结转后,若要查询或打印本月的凭证可在后备库中进行。

(四)账务查询

1. 数据库查询的基本方法

建立会计信息系统的一个主要功能与目的就是将输入的凭证进行处理保存为相关的数据形式储存起来,以便企业各部门、各层级能快速、精准地在系统中调取所需信息数据。数据库查询就是通过给定的关键字在数据库中查找与之相匹配记录的过程。账务查询主要涉及凭证查询、账簿查询以及报表查询。

凭证查询可通过凭证账号、记账日期、科目编码等进行查询。账簿查询既可以查询日记账户,也可以查询专项核算账户。日记账户的查询可通过记账日期、科目编码等查询账户的现金日记账、银行存款日记账等。专项审核账户的查询可通过记账日期、科目编码、往来单位编码等进行查询。报表查询可查看会计报表中的各项数据信息。

除了上面介绍的关键字查询和条件查询外,还可通过数据库查询语言的方式在数据库中查找信息。下面介绍数据库查询语言的数据库查询方法。

FOXBASE 提供了多种查询方式与查询语句,其中,LIST(DISPLAY)语句的使用最为简单,能够在指定记录范围内查询满足给定条件的记录信息,查询结果会直接输出到计算机屏幕上,还可进行打印操作。LIST 语句的查询功能强大,但查询结果在屏幕上输出的格式不规范,这是 LIST 语句查询的最大缺点。解决的办法是使用 LOCATE 命令定位所需记录,信息便可按照一定格式输出了。

在数据库查询过程中,设置了筛选条件后,系统会将不满足筛选条件的记录屏蔽起来,只显示满足筛选条件的记录,就像建立一个新的数据库一样。如果需在满足筛选条件的记录中反复查找,可使用 FILTER 语句进行,但使用 FILTER 语句在满足条件的记录中筛选有用信息的速度较慢,且不建议使用 FILTER 语句进行一次性的查询。

如果要在比较大的数据库中进行查询,可使用 FIND 语句或 SEEK 语句。首先用查询关键字表达式建立一个索引,之后再使用 FIND 语句或 SEEK 语句进行查找。其中,FIND 语句只能定位到相同关键字的第一个记录。上面介绍的几种查询语句适用于同一时间的多个数据库的查询,在多数据库间建立关联可实现多数据库的查询。

2. 记账凭证的查询

由于记账凭证存放在凭证头库和分录库中,所以记账凭证的查询属于多数据库查询。在通过凭证编号进行查询时,应建立以记账凭证头库为主库的数据库关联,关联关键字为 JZPZH。如此,在查找时,记录指针就会在记账凭证头库中自动移向 JZPZH 字段的内容。

3. 明细账簿的查询

明细账簿只储存在明细账数据库中,因此,可通过关键字如科目编码、记账日期等进行查询。在实际操作中,明细账簿的查询多采用组合查询的方式。当输入组合查询条件后,要将查询条件转化为逻辑运算表达式,通过逻辑运算表达式查询所需数据信息。

4. 系统操作人员的操作规范

(1)设置操作人员的操作权限

为了加强会计信息化系统的管理,设定操作人员的权限是关键,这决定了操作人员的职责范围,并确保会计信息系统的安全性和可靠性。通常,权限的设定和分配是基于操作人员的职位分工,系统权限主要包括以下几种:系统权限,负责设定人员的操作权限,管理系统的操作日记和账套;建账权限,可以设定会计科目,输入初始余额;制单权限,可以在系统中填写记账凭证;审核权限,可以审核记账凭证,对自己审核过的凭证可以进行撤销审核的操作;处理权限,可以进行记账、自动转账、结账等操作;查询权限,可以在数据库中查询信息,如总账、日记账、明细账等;往来权限,可以管理往来账簿;银行权限,可以与银行进行对账;数据权限,可以进行数据的备份、恢复、索引、查询等操作。在设计账务操作系统时,需要注意的是,无论系统权限如何划分,只有一个人可以担任管理员并执行操作。而口令设置则允许所有操作人员都有权执行。

（2）口令设置

操作员口令与操作员姓名共同构成了操作系统安全使用的第一道防线,以防止无关人员非法登录或非法使用。只有操作员口令密码与操作员姓名均输入正确方可允许进入系统。

操作员口令设置完成后会采用加密的方式保存在操作权限库中,以防口令泄密。同时,为增加口令的安全性,可规定口令密码的结构,如必须由数字和字母组成,定期更改口令。在系统中增加操作员时,系统管理员可设置一个默认口令,或默认口令为空,之后由操作员自己设置口令密码。口令密码的设置与修改只能由操作员本人操作,不能由他人代替。

（3）操作员更换

实际工作环境下,特别是单机操作的环境下,会出现需要更换操作员的情况。为了增加系统的便利性与灵活性,在系统设计时应考虑在不退出系统的前提下更换操作员的情况。更换操作员的设计与系统登录设计比较相似,区别在于更换操作员不需要选择账套。

（4）操作日志管理

系统操作日志记录系统的操作痕迹和运行状况,作为日常维护和管理的基础。系统日志库将保存操作员的姓名、所选功能以及登录和退出的日期和时间。仅系统管理员具备管理操作日志的权限,可以通过操作员姓名、操作日期、所选功能等关键字或条件在操作日志中检索信息。在系统中的每一项操作都会被记录在操作日志中,因此操作日志的内容较为丰富,可以定期备份操作日志,然后删除。由于操作日志也可作为特殊的辅助账使用,因此操作日志的删除需要统一管理,不能随意进行。在系统设计时,可以增设一些操作日志删除的条件,例如,不单独提供操作日志删除功能,操作日志只能与其他数据一起备份和删除;本年度的操作日志不可删除,之前的操作日志可以删除;本月的操作日志不可删除,其他月份的操作日志可以删除;操作日志在打印前不可删除等。

第四节 报表处理的信息化

一、报表合并的挑战

合并财务报表能够综合、全面、系统地反映集团企业的财务状况、经营成果和现金流量情况,为企业管理层与决策层提供了重要信息,也是投资人判断企业投资价值的一个重要依据。

(一)合并财务报表面临的四个问题

第一,集团企业各成员企业财务人员在手工处理合并报表时没有统一的标准,如报表格式、报表内容、统计口径、抵销规则等,每个成员企业在手工处理时都采用自己的标准操作,这为集团总部财务合并与财务分析工作造成诸多不便。此外,各成员企业的财务人员在个人能力与知识水平上也存在差异。

第二,随着集团企业规模的扩大,成员企业的数量增多,有的还包括海外成员企业,合并报表的工作量巨大,海外企业还需同时满足国内与国外的会计准则,财务披露信息的质量与频率要求也更高。

第三,Excel 是主要的报表文件格式与报表分析工具,但通过 Excel 制作、分析报表的工作量巨大,需要花费大量的时间成本和人力成本。并且,用 Excel 文件存储数据不方便查询和比较历史信息。

第四,报表分析是合并报表的重点内容,而财务人员却花费更多的时间和精力用于整理、制作报表,本末倒置,从一定程度上来看这是一种资源的浪费。

(二)财务报表工作的目标

第一,财务报表工作的规范化。统一规定集团法定财务报表合并与事业部财务报表合并的方法和流程,最终实现财务报表自动合并。同时,逐步建立规范化的财务信息发布中心,统一集团企业财务对内与对外信息的发布。

第二,财务报表工作的透明化。逐步消除财务信息"孤岛化",提高财务信息的透明度,建立财务数据共享平台。同时,提高财务数据的利用率,充分挖掘财务数据的利用价值,增强财务数据的利用程度,实现同一财务数据能产生不同角度的信息,为不同的使用者提供数据依据。

第四章　财务分析信息化

第一节　财务分析概述

一、财务分析的含义及作用

(一)财务分析的含义

财务分析的基础是企业的财务报表和相关数据,利用专门的分析工具和方法,对企业的财务状况、经营成果和现金流进行研究和评价。通过这一过程,它评估企业的内在财务实力和潜力,预测企业未来的财务趋势和潜在增长,估计期待的回报和相关风险,并向特定的信息使用者提供对他们有用的财务信息。所以,财务分析是财务管理的核心组成部分。

一个可能的方式是,总结企业在某个时间段的财务行为,能够提供重要的财务信息以改善财务管理并帮助管理者作出更好的经济决策。

(二)财务分析的作用

在实务中,财务分析可以发挥出三点重要的作用:

1.通过财务分析,我们可以全方位地评估在特定时间内企业的多种财务实力,例如偿还债务的能力、盈利的能力、营运的实力及扩展运营的能力。这样,我们可以找出企业运营过程中的问题,整理财务管理的经验与教训,从而提升企业经营管理的效率。

2.财务分析可以为企业信息使用者提供更加系统、完整的会计信息,方便企业管理者更加深入地了解自己的财务状况、经营成果和现金流量情况,为其经济决策提供重要依据。

3.通过财务分析,我们可以评估企业各个职能部门和单元在执行经营计划方面的表现,对他们的经营成效进行评估。这对于企业来说,有助于构建并优化业绩评价机制,平衡各类财务关联,确保企业的财务目标能顺利实现。

二、财务分析的内容

财务分析的内容与财务分析的目的有着密切的关系。分析目的不同,分析内容的侧重点也会有差别。通常来说,财务分析有如下一些内容。

(一)偿债能力分析

偿债能力分为短期偿债能力和长期偿债能力。短期偿债能力通常与企业的流动性有关。流动性是指企业资源满足短期现金需求的能力。企业的短期现金需求主要包括支付日常生产经营费用和偿还短期债务。企业的流动性越强,日常支付能力和短期偿债能力就越强,从而使企业的日常生产经营更加顺畅,短期债务更加安全。流动性和短期偿债能力对企业短期经营安全和短期债务安全具有直接影响,而安全是企业生存和发展的基础。因此,企业管理人员、股权投资者等都注重企业流动性和短期偿债能力的分析。

长期偿债能力通常与财务风险相关。财务风险,狭义上称为筹资风险,是指企业与筹资活动相关的风险,即企业债务偿还的不确定性。因此,企业的财务风险与长期偿债能力密切相关。如果企业无法按期偿还到期的长期债务,将影响企业的长期投资计划和经营活动。众所周知,风险与报酬之间存在同增同减的关系。企业如何通过资本结构和财务杠杆的安排,实现风险与报酬的最佳平衡,成为长期债权人、企业管理者以及股权投资者等关注的问题。

(二)运营能力分析

资产是为企业带来潜在经济收益的财务资源,同时也是对债务和股东权益的保障。因此,企业的资产管理能力对企业获取经济收益的能力甚至企业资本的保障产生直接影响。资产管理主要涵盖了资产结构管理和资产效率管理等方面。而企业资产的运用效率一般被视为营运实力。

固定资产管理和运营能力在很大程度上决定了企业的安全性和盈利能力,因此,企业的债权人、股东和管理层等主要的关注对象应包括这些内容。

(三)盈利能力分析

盈利指标是刻画资金输入与输出之间关联的量度,它反映所投入资金的盈利程度。鉴于投入资金的领域各有不同,报酬的级别也有所差别,因此盈利指标有着各自的特定含义。决定资金回报的主要是企业的盈利能力。在投资规模保持不变的前提下,企业获利的能力越高,盈利指标也应相对提高。

首要的盈利水平体现在收入与花费抵消后的财务盈余上,因此,通过深究企业的运营收益,有助于理解该企业获利能力的稳定性和可持续性。在数据允许的前提下,有可能进行针对企业的开支的成本–数量–利润分析和成本开支分析等。成本–数量–利润分析有助于发现影响企业盈利的主要因素,而开支分析则有助于引导企业从内部发掘并提升盈利潜力。

稳健且可观的收益不只是投资回报和获利实力的展现,它也代表了企业偿还债务的保护。不能赚钱的企业真的没有安全性。因此,众多的分析者,包括股权投资者、企业经营者和债权人等都非常关注投资回报率和获利实力。

(四)其他能力分析

只关注偿债、盈利和运营的评估,在面对愈发激烈的市场竞争中,这样单一的财务审视是不全面的。首要的是,企业的价值主要依赖于其未来的盈利潜力和竞争实力,这包括企业的销售收入、收益以及分红在未来的增长速度,乃至在市场上的竞争优势和竞争力。其次,提升企业的盈利实力、资产运营效益和偿债实力,都是为了满足未来的生存发展需要,也是为了提升企业的效益和竞争实力。因此,要全面评估一个企业的价值,不只是要从静止的角度去评审其运营能力,而是应从动态的角度去分析预测企业的发展能力、竞争力以及防风险的能力。

(五)综合分析

整体评估的本质就是实施系统性且全面的审查与分析,针对企业的各个层面,从整体角度评估和判断企业的财政状况以及运营效益。企业作为一个不可割裂的整体,其不同层面之间存在着密切的联系,所以,在分析过程中,应把各个分析主体通过深度分析后的结果,整合起来,以便全面或详尽地了解企业的总体情况。特别是对于企业管理人员,他们必须全面地掌握企业的各个环节,并识别这些环节之间的联系,以指导企业的管理方向。杜邦企业开发的杜邦分析方法是最具代表性的企业财务整体评估手段。特别需要指出的是,在实施全面评估时,必须考虑财务分析和非财务分析的融合,同时也要考虑结果指标与驱动指标的结合。

三、财务分析方法

(一)趋势分析法

趋势分析法是将企业连续几个期间的财务数据进行对比,以查看相关项目变动情况,得出企业财务状况和经营成果变化趋势的一种分析方法。趋势分析法有助于预测企业未来的财务状况和经营成果。

(二)结构分析法

结构分析法是将相关项目金额与同期相应的合计金额、总计金额或特定项目金额进行对比,以查看相关项目的结构百分比,得出企业各项结构的一种分析方法。

结构分析法通常运用到会计报表的分析中。在对会计报表进行结构分析时,各个报表项目以结构百分比列示。这种以各项目的结构百分比列示的会计报表称为结构百分比会计报表,因此,结构分析又常常被称作结构百分比会计报表分析。

(三)比率分析法

比率分析法是一种通过对比相关财务项目,计算具有特定经济意义的相对财务比率,从而评估企业财务状况和经营成果的分析方法。常见的财务比率包括趋势比率、构成比率、效率比率和相关比率。趋势比率是描述某个经济项目在不同时期数据之间关系的财务比率,例如,当期净利润与上期净利润的比值,或者当期资产总额与五年前资产总额的比值等。构成比率是描述某个经济项目的各个部分与整体之间关系的财务比率,例如,流动资产占总资产的比值,或者流动负债占总负债的比值等。效率比率是描述投入与产出关系的财务比率,例如,净利润与平均股东权益的比值,或者净利润与费用总额的比值等。相关比率是指除趋势比率、构成比率和效率比率之外,反映两个相关项目之间关系的财务比率,例如,流动资产与流动负债的比值,或者主营业务收入与平均资产总额的比值等。

(四)比较分析法

比较分析法是将相关数据进行比较,揭示差异并寻找差异原因的分析方法。要评判优劣就必须经过比较,要比较就必须有比较的标准。比较的标准也就是跟什么相比。常见的比较标准有历史标准、行业标准、预算标准、经验标准等。

四、财务分析程序

财务分析是一项比较复杂的工作,必须按科学的程序进行,才能保证分析的效率和效果。财务分析的基本程序包括以下五个步骤。

(一)明确分析目标

财务分析的宗旨在于财务分析的着眼点。只有首先设定分析的目标,才能确定分析的范围、收集信息的数量、选取分析的手段等一系列的问题。因此,明确分析目标是财务分析的首要环节。

(二)确定分析范围

财务分析包含多个方面,但并非所有的财务分析都必须涉及所有方面。只有根据分析目标的不同来定义合适的分析范围,才能够提升财务分析的效率,并且更加符合成本效益的原则。在采集信息的前期阶段,必须确定企业的哪一部分或哪些部分需要进行分析,同时也需要确定分析的主要关注点在哪里。

(三)搜集相关信息

确定了研究的目标和覆盖的领域后,我们需针对性地搜集相关数据。财务分析主要依据的资料是企业公开发布的财务报表和相应的附注。同样,企业内部的生产和销售等相关资讯,以及企业外部的审计、市场和行业等情报,都可能会对财务分析产生较大的影响。在展开财务分析时,我们需要获取充足的资料,但并非数据越多越好,应以研究的目标和覆盖的领域来确定采集数据的量。获得相关资料后,我们还需要进行核实和整理,排除掉不真实的资料,对规范不达标的资料进行修正。

(四)选择分析方法

各种财务分析技术都有其独到之处,没有绝对的好坏之分,最能满足分析需求、分析主题以及信息收集的方式便是最佳的选择。财务分析的目标不尽相同,分析的主题和收集的信息也各有不同,因此选用的分析手段也会有所不同。在财务分析过程中,我们可以单独选用某一种分析技术,也可以综合使用多种技术。

(五)得出分析结论

搜集到相关信息并选定分析方法之后,分析主体利用所选定的方法对相关信息进行细致的分析,对企业相关的经营成果和财务状况做出评判,为相应的经济决策提供依据。如果是企业内部的管理者,还可以进一步总结出管理中的经验教训,发现经营中存在的问题,并探寻问题的原因,找出相应的对策,最终实现公司的战略目标。

五、财务分析指标

对于要求建立由集团到各利润点、由综合指标到具体报表的财务分析框架,我们需要构建一个可以从上至下、从宏观到微观的体系。在此体系中,仪表盘、趋势图和警示图等图形化界面将作为监控层,展示集团层面的财务分析结果。该体系分为集团、事业部和成员单位三层结构,将监控层的指标结果通过各层结构,追踪至原始数据的财务分析体系。同时,将财务分析指标与财务报表体系、财务核算系统、数据库等相互关联,实现实时计算财务指标,提高财务分析的时效性。监控模式尤其适用于这种综合性的财务分析体系。例如,当企业建立指标体系后,可以将监控指标与预算报表、会计科目等建立关联,从而将监控指标与最基础的数据库连接,形成一个实时、动态且可调整的综合财务分析体系。

六、财务分析的信息化

传统手工环境下的财务分析往往存在数据不精确、财务数据难以与非财务数据集合、财务数据难以追溯到源头等弊端,而财务分析的信息化可以很好地解决这些问题。不仅如此,财务分析的信息化还可以使得财务分析结果更加简明扼要,以图形化、菜单化的界面展示出来,更容易对企业的整体运行进行监控,也有利于对某些重点问题进行深入分析。

财务分析的信息化是以商业智能为基础的,商业智能基本架构包括数据和应用的集成、分析处理、信息发布和展示界面。

商业智能能够支持多维度的财务分析,维度最多可达 12~20 个,并能保持适当的效率;这样的数据存储与表格式完全无关,能够很好地适应需求的变化,如组织、业务等的变化。因此,以商业智能技术建立起来的多维度数据系统,能够为财务分析提供多个切入角度,譬如,对于同一收入数据可从时间、产品线、地区、部门等角度进行分析,从而进一步推进了财务分析的深度和广度。

从不同维度,可以提供同一数据的不同含义,从而为财务分析提供不同的切入点。同时,数据的多维化互动分析工具和多样化的报表,能够实现追溯分析、图形化。商业智能使财务分析更加直观丰富:完全个性化的交互仪表板;基于功能和角色;主动式的智能预警;提供分析指引,提供最佳实践环境;功能强大,操作简单。每个层级的用户都能关注自己所在层面不同层级的界面,且关注的内容以图形化界面展示。不仅如此,各个层面之间还存在严密的数据逻辑关系。

七、权益资金的筹集

权益资金的筹集方式主要有吸收直接投资、发行股票和企业内部积累等。另外,我国上市公司引入战略投资者的行为,也属于权益资金的筹集。

（一）吸收直接投资

吸收直接投资是获取资金的一种方式,这是企业基于"投资共享,共同经营,风险共担,利润分成"的核心理念直接吸收国家、法人、个人的资金投入。在这个过程中,所有的投资者都成为企业的股东。如果企业经营状况成绩斐然,收益颇丰,所有投资者都可以按照他们投资的比例获得相应的益处。但是,如果企业经营出现问题,连续亏损,或者甚至不得不宣布破产,那么参与者需要按照他们投资的比例承担相应的损失。对于非股份的企业而言,吸收直接投资是他们主要的融资方式。

1. 吸收直接投资的出资方式

当企业选择通过接受投资来筹集资本的时候,普通投资者通常可以使用以下财产作为投资出资。

其一,实施货币投资方案在投资募资中是最关键的一种类型。拥有了货币,就有能力采购其他的物质资源。因此,企业应当尽力促使投资者选择运用货币进行投资。所需要的货账投资额度,由除了投入物质和工业产权以外还必须准备多少资金以支付筑厂的开销和常态的流转资金需求来决定。

其二,实物投资具体是指投资者将像厂房、建筑、设备等这样的固定资产以及原材料、商品等流动资产用于投资。企业在选择投资资产时,需要满足三个基本条件:一是需要与该企业的研发、生产以及经营活动相符合;二是该资产的技术性能需要优秀且高效;三是对其进行估价时,必须公正并合理。而在具体进行实物投资的估价方法时,必须遵循国家的相关规定。

其三,通过工业产权进行投资。即投资者运用其专利权、独有技术、品牌权等无形财产进行投资。企业接受的工业产权通常需满足以下条件:首先,能协助研究并创新高科技产品;其次,能助力生产出市场需求的高科技产品;第三,能提升产品的品质和生产效率;第四,能协助企业大幅减少各类消耗;最后,投资的估价比较合理。

2. 吸收直接投资的程序

企业吸收直接投资,一般应遵循以下程序。第一,确定筹资数量;第二,联系投资者;第三,协商投资事项;第四,签署投资协议;第五,共享投资利润。

3. 吸收直接投资的优缺点

吸收直接投资的优点是有利于增强企业信誉;有利于尽快形成生产能力;有利于降低财务风险。

吸收直接投资的缺点是资金成本较高,容易分散企业控制权。如果某个投资者的出资比例较大,则该投资者对企业的经营管理就会有相当大的控制权,不利于企业治理。

(二)发行普通股

股票是股份公司为筹集权益资本而发行的有价证券,是公司签发的证明股东所持股份的书面凭证,它代表了股东对股份制公司的所有权,发行普通股是股份公司筹集权益资本的主要方式。

1. 股票的类型

股份有限公司根据筹资与投资的需要,可发行各种不同种类的股票。

(1)按股东权益不同分为普通股票和优先股票

普通股票是股份公司依法发行的具有管理权、股利不固定的股票,它是公司最基本的股票。普通股股东具有如下权利:第一,公司的经营管理权;第二,剩余财产的要求权;第三,新股发行的优先认股权;第四,红利分配权。优先股是公司发行的优于普通股份的股息和公司剩余财产的股票。

(2)按股票票面是否记名分为记名股票和无记名股票

记名股票是指在股票上记录股东姓名或名称,并将其纳入公司股东名册的股票。这种股票需要搭配股权手册,只有股票和股权手册同时具备,股东才能领取股息和红利。记名股票必须使用股东的真实姓名,转让和继承都需要办理过户手续。无记名股票是指在股票上未记录股东姓名或名称的股票。持有无记名股票的人都有资格成为公司股东。无记名股票的转让和继承无须过户手续,只需将股票交付给受让人,便可实现股权移交。公司向发行人、国家授权投资的机构和法人发行的股票,应当为记名股票。对社会公众发行的股票,可以是记名股票,也可以是无记名股票。因此,记名股票与无记名股票相比,前者在发行和流通方面更为规范,公司可以通过股东名册了解主要的股东结构,并在一定程度上降低股东的股票保管风险。而无记名股票更有利于二级市场的流通,但公司对自身股东结构的了解相对困难,同时股票的保管风险较大。

(3)按股票票面上有无金额分为面值股票和无面值股票

面值股票,是指在股票的票面上记载每股金额的股票。股票面值的主要功能是确定每股股票在公司所占有的份额;另外,还表明在有限公司中股东对每股股票所负有限责任的最高限额。

无面值股票,是指股票票面不记载每股金额的股票。无面值股票仅表示每一股在公司全部股票中所占有的比例。也就是说,这种股票只在票面上注明每股占公司全部净资产的比例,其价值随公司财产价值的增减而增减。

(4)按发行对象和上市地区分为 A 股、B 股、H 股和 N 股等。A 股是以人民币标明票面金额并以人民币认购和交易的股票;B 股是以人民币标明票面金额,以外币认购和交易的股票;H 股为在香港上市的股票;N 股是在纽约上市的股票。

2. 普通股筹资的优缺点

(1)普通股筹资的优点

发布公开股份是企业的主要筹款手段之一,其主要优势包括:

首先,不存在定期的利息负担。当企业盈利,并认为分派股息适宜时,股东可以获得分派;而如果企业利润不足,或尽管有利润但资金紧张,或存在更高回报的投资机会,企业则可以选择减少或者不进行股息派发。

其次,无须设定一个明确的偿还日期,无须归还。通过普通股募集的资金是长期存在的,除非企业破产需要结算,否则无须回退。这对于确保企业基本的资金需求有着至关重要的影响。

再其次,筹集资金的风险较低。因为普通股并不设有明确的到期时间,不存在需支付稳定利息的问题,因此实际上这种筹资方式没有不可偿还的风险,所以,其风险非常低。

再次,它能够提升企业的声誉。企业的所有负债基于普通股本和留存收益。如果企业拥有大量的自筹资金,便能在负债人面临损失时,提供足够的保障。因此,普通股筹资不仅能提升企业的信誉度,还能有效地支撑使用更多的债务资金。

最后,资金募集的约束相对较低。当通过优先股或债券募集资金时,经常存在各种约束,并且这些约束往往会干扰企业运营的灵活度。而使用普通股募集资金则不存在此类的约束。

(2)普通股筹资的缺点

第一,资金成本较高。一般来说,普通筹资的成本要大于债务资金,这主要是股利要从净利润中支付,而债务资金的利息可在税务前扣除,另外,普通股的发行费用也比较高。

第二,容易分散控制权。利用普通股筹资,出售了新的股票,引进了新的股东,容易导致公司控制权的分散。

第三,新股东分享公司未发行新股前积累的盈余,会降低普通股的每股净收益,从而可能引起股价的下跌。

（三）发行优先股

1. 优先股的类型

按不同标准，可对优先股作不同分类，最主要的分类方式如下所述：

（1）按股利能否累积分为累积优先股和非累积优先股。累积优先股是指在任何营业年度内未支付的股利可累积起来，由以后营业年度的盈利一起支付的优先股股票；非累积优先股是仅按当年利润分派股利，而不予以累积补付的优先股股票。也就是说，如果本年度的盈利不足以支付全部优先股股利，对所积欠的部分，公司不予累积计算，优先股股东也不能要求公司在以后年度中予以补发。

（2）按能否转换为普通股股票分为可转换优先股与不可转换优先股。可转换优先股是股东可在一定时期内按一定比例把优先股转换成普通股的股票。转换的比例是事先确定的，其数值大小取决于优先股与普通股的现行价格；不可转换优先股只能获得固定股利报酬，而不能获得转换收益。

（3）按能否参与剩余利润分配分为参与优先股和非参与优先股。参与优先股是指不仅能取得固定股利，还有权与普通股一同参与利润分配的股票。根据参与利润分配的方式不同，又可分为全部参与分配的优先股和部分参与分配的优先股。前者表现为优先股股东有权与普通股股东共同等额分享本期剩余利润，后者则表现为优先股股东有权按规定额度与普通股股东共同参与利润分配，超过规定额度部分的利润，归普通股股东所有。非参与优先股是指不能参与剩余利润分配，只能取得固定股利的优先股。

（4）根据能否赎回，优先股股票分为可赎回优先股和不可赎回优先股。可赎回优先股是指公司可以按照一定价格收回的优先股股票。在发行此类股票时，通常会附带赎回条款，该条款规定了赎回该股票的价格，通常这个价格稍高于股票的面值。相反，不可赎回优先股是指不能被赎回的优先股股票。由于优先股有固定的股利，因此，不可赎回优先股一旦发行，便成为一项长期的财务负担。在实际操作中，大部分优先股都是可赎回优先股，而不可赎回优先股的发行较少。从以上的描述可以看出，累积优先股、可转换优先股和参与优先股都对股东有益，而可赎回优先股则对公司有利。

2. 优先股筹资的优缺点

（1）优先股筹资的优点

第一，没有固定到期日，不用偿还本金。事实上等于使用的是一笔无限期的贷款，无偿还本金义务，也无须再做筹资计划。但大多数优先股又附有收回条款,这就使得使用这种资金更有弹性。当财务状况较弱时发行,而财务状况转强时收回,有利于结合资金需求,同时也能控制公司的资金结构。

第二,股利支付既固定,又有一定弹性。一般而言,优先股都采用固定股利,但固定股利的支付并不构成公司的法定义务。如果财务状况不佳,则可暂时不支付优先股股利,那么,优先股股东也不能像债权人一样迫使公司破产。

第三,有利于增强公司信誉。从法律上讲,优先股属于自有资金,因而,优先股扩大了权益基础,可适当增加公司的信誉,加强公司的借款能力。

（2）优先股筹资的缺点

第一,筹资成本高。优先股所支付的股利要从税后利润中扣除,不同于债务利息可在税前扣除,因此,优先股成本很高。

第二,筹资限制多。发行优先股,通常有许多限制条款,如对普通股股利支付上的限制、对公司借债限制等。

第三,财务负担重。优先股需要支付固定股利,但又不能在税前扣除,所以当利润下降时,优先股的股利会成为公司一项较重的财务负担。

（四）留存收益筹资

1. 留存收益的筹资渠道

（1）提取盈余公积

提取盈余公积是根据相关的法律规定,依据每年的净利润的10%进行提取的。经提取的盈余公积形成了企业的积累资金——盈余公积金,该部分资金为指定用途资金,即主要用于企业的经营发展、转增资本或弥补以前年度的经营亏损,不得用于对外分配。

（2）未分配利润

未分配利润是指没有指定用途的净利润,属于企业的累积留存,可以用于企业的经营发展、转增资本（股本）、弥补以前年度的经营亏损和以后年度的利润分配。

2. 利用留存收益筹资的优缺点

（1）利用留存收益筹资的优点

第一,节省筹资费用。与普通股筹资相比,留存收益属于企业自有资金,没有运作、发行等筹资费用,降低了资金成本。

第二,维持企业的控制权分布。利用留存收益筹资,避免了对外发行新股或吸收新的投资者对原有股东控制权的稀释,保持了企业的股权结构。

（2）利用留存收益筹资的缺点

利用留存收益筹资的数额有限。企业的留存收益是企业经营积累形成的,取决于企业以往的盈利状况和分配政策,其数额必定是有限的,而不同的外部筹资可以一次性筹集大量资金。如果企业发生亏损,那么当年就没有利润留存。另外,股东和投资者从自身期望出发,往往希望企业每年发放一定的利润,保持一定的利润分配比例。

第二节　企业筹资分析

一、筹资要求

企业筹集资金总的要求是要分析评价影响筹资的各种因素,讲求筹资的综合效果。具体要求主要有以下五点:

（一）认真选择投资项目

为提高筹资效果,企业需认真研究投资项目在技术上的先进性和适用性,经济上的效益性和合理性,建设条件上的可靠性和可行性,进行反复调查、研究和论证,在此基础上确定最佳投资方案。

（二）合理确定筹资额度

企业展开筹资活动之前,应合理确定资金的需求量,并使筹资数量与需求达到平衡,防止筹资不足影响生产经营或筹资过剩降低筹资效果。对资金的投放,应结合实际情况,科学合理地安排好资金的投放时间,提高资金的利用效果。

（三）依法足额筹集资本

为了保证生产经营持续进行且有利于自负盈亏,企业必须拥有一定数额供其长期占用自主支配的资金,为此,企业应按规定及时、足额筹集资本金。企业筹集的资本金是企业的法定的自有资金,依法享有分配权,在经营期间内不得以任何方式抽走。

（四）正确运用负债经营

在市场经济环境下,公司的成长无法仅依赖自有资金,适度承担债务可以帮助企业迅速扩大规模和提高市场份额,因此,负债经营已成为全球经济快速发展地区的重要经营模式。然而,负债经营具有两面性,若管理不当,不仅无法发挥财务杠杆效应,还可能引发债务风险,导致企业陷入困境。因此,在遵守国家法规和遵循平等互惠原则的基础上,正确实施负债经营至关重要。为此,需要恰当地把握借款时机和数量,控制债务结构,并选择有利于公司的筹资方案。

(五)科学掌握投资方向

筹资的目的是投资,没有筹资也就不能投资,筹资是投资的前提,投资是筹资的目的。企业筹资必须与投资结合考虑,如果资金投放方向错误,投放时间不当,尽管取得低成本的资金,也难以取得好的筹资效果。所以,企业筹资应综合研究资金投向、数量、时间,以确定总的筹资决策与筹资计划。

二、企业筹资的动机

企业的筹资活动都是在一定动机的支配下完成的,尽管企业筹资的动机多种多样,但基本上可以概括为新建性筹资动机、扩张性筹资动机、偿债性筹资动机和混合性筹资动机。

(一)新建性筹资动机

新建性筹资的动机源于企业在创建初期为维持常规生产和经营活动所需的初始资金。在企业初创时,根据经营策略所设定的生产和经营规模来计算长期和流动资金的需求量,并同时筹集相应的资金。如果资金不足,则需要通过募集短期或长期债务资金来弥补。

(二)扩张性筹资动机

扩张性募资动机的引发源于企业扩大经营范围或增强对外投资的需求,从而产生的需筹集资金的愿望。企业的扩展可以分为两个层面:首先是通过新厂房的建设、设备的采购以及人才的招募等方式进行的企业规模的外部扩展;其次,引进先进技术、更新设备、增强固定资产的生产力以及进行员工培训以提高生产效率等手段是企业规模的内部扩展。无论是外部还是内部扩展,都会激起扩张性募资动机的产生。

(三)偿债性筹资动机

所谓的"债务偿还筹资",简单来说就是企业"以新债偿付旧债"的策略,归还某负债。这种筹资并无增大企业的资金储备的效果,其目的在于优化企业的资本结构,因此企业的总资金不会因此行动而改变。往往,企业现金不足会导致债务偿还筹资的发生,而扩展筹资则是由于资金缺口引发的。在债务偿还筹资的过程中,有两种可能出现的情况:一种是调整性的债务偿还,另一种是恶化型的债务偿还。调整性债务偿还并非出于缺乏偿债能力,而是企业希望通过更换新的债务以优化资本结构,这是一种积极的筹资策略。但恶化型债务偿还却是由于企业无法偿付到期债务,因而被迫以新债务偿付旧债务,这是一种被动且显示出企业财务状况已经恶化的筹资策略。

(四)混合性筹资动机

混合性筹资动机是企业为了实现扩大生产经营规模和优化资本构成的双重目标而形成的筹资意愿。这种筹资意愿纳入了增强型筹资意愿和调整型筹资意愿的特点,既可以提升资产的总数,也会对资本构成产生影响。

三、企业筹资的分类

企业筹资可以从不同角度进行分类,主要有以下四种。

(一)按所筹资金使用期限的长短分类

1. 短期资金

短期资金是指使用期限在一年以内或超过一年的一个营业周期以内的资金。它是因企业在生产经营过程中短期性的资金周转需要而引起的。短期资金主要投资于现金、应收账款、存货等,一般在短期内可收回。短期资金主要通过短期借款、商业信用等方式筹集资金。由于企业使用短期资金的时间较短,因此短期资金的还本付息压力大,但资金的成本相对较低。

2. 长期资金

长期资金是指占用期限在一年或一个营业周期以上的资金。它是企业长期、持续、稳定地进行生产经营的前提和保证。长期资金主要投资于新产品的开发和推广、生产规模的扩大、厂房和设备的更新,一般需几年甚至几十年才能收回。长期资金主要通过吸收直接投资、发行股票、发行长期债券、长期银行借款、融资租赁等形式来筹集。长期资金能够被企业长期而稳定地占用,资金使用上风险较低,但成本相对较高。

(二)按所筹资金体现的属性分类

1. 股权资本

股权资本也称为产权资本或自有资本,是公司依法获得并长期拥有、自主调配运用的资本。根据我国相关法规,公司的权益资本由实收资本(或股本)、资本公积、盈余公积和未分配利润构成。遵循国际惯例,权益资本通常包括实收资本(或股本)和留存收益两部分。权益资本具有以下特性:首先,权益资本的所有权属于公司的所有者。公司所有者根据其所有权参与公司的运营管理和利润分配,并对公司的债务承担有限或无限责任。其次,公司在法律上享有权益资本的经营权。在公司存续期间,公司有权调度使用权益资本。除依法转让其所有权外,公司所有者不得以任何方式撤回其投入的资本,因此权益资本被视为公司的"永久性资本"。公司的权益资本通常是通过政府财政资本、其他法人资本、民间资本、公司内部资本和国外及我国港澳台资本等筹资渠道,采用吸收投资、发行股票等筹资方式形成的。

2. 债权资本

债权资本也称债务资本、借入资金,是企业依法取得并依约运用、按期偿还的资本。债权资本具有下列属性:第一,债权资本体现企业与债权人的债务与债权关系,它是企业的债务,是债权人的债权。第二,企业的债权人有权按期索取债权本息,但无权参与企业的经营管理和利润分配,对企业的其他债务不承担责任。第三,企业对持有的债务资本在约定的期限内享有经营权,并承担按期付息还本的义务。

(三)按所筹资金的来源分类

1. 内部筹资

内部筹资是指企业在企业内部通过留用利润而形成的资本来源。内部筹资是在企业内部"自然地"形成的,因此被称为"自动化的资本来源"或内源性筹资,一般无须花费筹资费用,其数量通常由企业可分配利润的规模和利润分配政策(或股利政策)所决定。

2. 外部筹资

外部筹资是指企业在内部筹资不能满足需要时,向企业外部筹资而形成的资本来源。处于初创期的企业,内部筹资的可能性是有限的,处于成长期的企业,内部筹资往往难以满足需要,于是,企业就要广泛开展外部筹资。企业的外部筹资大多需要花费筹资费用,如发行股票、债券需支付发行成本,取得借款有时需支付一定的利息。

(四)按筹资是否通过金融机构分类

1. 直接筹资

在直接筹资活动过程中,筹资企业无须借助银行等金融机构,而是直接与资本所有者协商,采用一定的筹资方式取得资本。在我国,随着宏观金融体制改革的深入,直接筹资得以不断发展。具体而言,直接筹资主要有投入资本、发行股票、发行债券和商业信用等筹资方式。

2. 间接筹资

间接筹资是指企业借助银行等金融机构而融通资本的筹资活动。这是一种传统的筹资类型。在间接筹资活动过程中,银行等金融机构发挥着中介作用,它们先集聚资本,然后提供给筹资企业。间接筹资的基本方式是银行借款,此外还有租赁等筹资方式。

四、企业筹资的渠道及方式

(一)企业筹资的渠道

筹资渠道是指筹集资金来源的方向与通道,体现资金来源与供应量。我国企业目前筹资渠道主要有以下六种:

第一,公共财政资金。公共财政资金是指企业根据其隶属关系获得的基本建设拨款。公共财政对企业的直接投资构成了国有企业主要的资金来源,现有的国有企业资金来源中,大部分资本是由公共财政以直接拨款的方式形成的,还有一些是公共财政对企业进行"税前还贷"或减免各种税款形成的。特别是国有独资企业,其资本全部由公共财政投资形成,从产权关系上看,产权归公共财政所有。

第二,银行贷款资金。银行贷款资金是指企业通过向专业银行申请的基本建设投资贷款、流动资金贷款以及其他形式的贷款所获得的资金。在间接融资中,银行贷款资金是最重要的一种方式,因此,银行对企业提供的各种贷款是我国各类企业最主要的资金来源。我国提供贷款的银行主要有两种,商业银行和政策性银行。商业银行以营利为目的,为企业提供各种商业贷款,政策性银行为特定企业提供政策性贷款。

第三,非银行金融组织资金。非银行金融组织资金是指通过向各种非银行金融组织获得的短期贷款或借款。非银行金融组织主要指信托投资公司、保险公司、租赁公司、证券公司以及企业集团所属的财务公司、典当行等。他们所提供的金融服务,既包括信贷资金的投放,也包括物资的融通,还包括为企业承销证券。

第四,其他企业资金。其他企业资金是指与其他企业联合经营、联合投资获得的资金。企业生产经营过程中产生的部分闲置的资金,可以互相投资,也可以通过购销业务建立信用关系形成其他企业资金,这也是企业资金的重要来源。企业间的相互投资和商业信用的存在,使其他企业资金也成为企业资金的重要来源。

第五,企业自留资金。企业自留资金是指企业通过计提折旧、提取公积金和未分配利润等形式形成的资金,如留用利润建立的生产发展资金、新产品试制基金和设备基金。这些资金的重要特征之一是,企业无须通过一定的方式去筹集,它们是企业内部自动生成或转移的资金。

第六,职工和民间资金。职工和民间资金是指企业向内部职工或向社会投资者直接集资的融资行为形成的资金。作为"游离"于银行及非银行金融机构之外的居民个人资金,可用于对企业进行投资,形成民间资金来源。

(二)企业筹资的方式

筹资方式是指取得资金的具体方法和形式,它体现着公司拟筹资本的性质。对于各种渠道的资金,公司可以采取不同的方式予以筹集。正确认识筹资方式的种类以及每种筹资方式的资本属性,有利于企业财务人员选择适宜的筹资方式,实现最佳的筹资组合。企业筹资方式主要有以下五种:

1. 吸收直接投资

吸收直接投资是企业以协议等形式吸收国家、其他法人单位、个人和外商等直接投入资金,形成企业资本金的一种筹资方式。吸收直接投资不以股票为媒介,是非股份制企业筹集自有资本的基本方式。

2. 发行股票

股票是股份制公司为筹集自有资本而发行的有价证券,是持股人拥有公司股份的入股凭证,它代表持股人在公司中拥有的所有权。通过发行股票建立股份公司,是西方企业的典型形态。在我国,1980 年开始在部分企业试行,开始主要在职工中发行股票,继而向城乡居民和厂矿企业甚至海外投资者发行。发行股票是企业筹措自有资本的基本方式。

3. 银行借款

银行借款是指企业根据借款合同从有关银行或非银行金融机构借入的需要还本付息的款项,是企业筹集长、短期负债资本的主要方式。

4. 发行债券

债券是债务人为筹措长、短期借入资金而发行的,约定在一定期限内向债权人还本付息的有价证券。企业发行的债券总称公司债券,是企业为取得负债资本而发行的有价证券,是持券人拥有企业债权的债权证书,它代表持券人同企业之间的债权债务关系。发行企业债券是企业筹集资金的又一重要方式。

5. 租赁

租赁是出租人以收取租金为条件,在契约或合同规定的期限内,将资产租借给承租人使用的一种信用业务。企业资产的租赁按其性质有经营性租赁和融资性租赁两种。现代租赁已成为解决企业资金来源的一种主要筹资方式。

(三) 筹资渠道与筹资方式的关系

资金筹集的途径与手段密切相关。不同的筹资途径,除了各种债务外,都表现出一定的所有权性质,而不同的筹资手段则体现了不同的经济关系。筹资途径是了解资金来源的地方,表明获取资金的客观可能性,而筹资手段则是解决用什么方式获取资金,即将可能性转化为现实性。某种筹资手段可能仅适用于某一特定的筹资途径,但同一途径的资金通常可以采用不同的手段获取,而同一筹资手段又往往适用于不同的筹资途径。因此,在筹资过程中,应认真考虑这些筹资手段的经济性质以及相应的经济利益问题,合理地选择和使用。

五、企业筹资的基本原则

为了经济有效地筹集资本,企业筹资必须遵循下列基本原则。

(一) 效益性原则

企业筹资与企业投资在效益上应当相互权衡。企业投资是决定企业是否要筹资的重要因素。投资收益与资本成本相比较,决定着是否要追加筹资;而一旦采纳某项投资项目,其投资数量就决定了所需筹资的数量。因此,企业在筹资活动中,一方面需要认真分析投资机会,讲究投资效益,避免不顾投资效益地盲目筹资。另一方面,由于不同筹资方式的资金成本的高低不尽相同,也需要综合研究各种筹资方式,寻求最优的筹资组合,以便降低资金成本,经济有效地筹集资本。

（二）合理性原则

在进行企业筹资时，必须合理地确定所需的资金数额。无论企业选择哪些筹资途径或方式，预先确定筹资数额都是必要的。虽然企业筹资应当寻求多元化的资金来源，但必须设定合理的界限，使筹资数额与投资需求相匹配，避免因筹资数额不足而影响投资活动，或因筹资数额过多而影响筹资效益。此外，企业筹资还需要合理地确定资本结构。合理地确定企业资本结构主要包括两个方面：一是要合理地确定股权资本与债权资本的结构，也就是要合理地确定企业债权资本的规模或比例。债权资本的规模应当与股权资本的规模和偿债能力相匹配。在这方面的处理中，既要避免债权资本过多，导致财务风险增大，偿债负担加重，也要有效地利用负债经营，提高股权资本的收益水平。二是要合理地确定长期资本与短期资本的结构，也就是要合理地确定企业全部资本的期限结构，使其与资产持有的期限相一致。

（三）及时性原则

企业筹资必须根据企业资本的投放时间安排来予以筹划，及时地取得资金来源，使筹资与投资在时间上相协调。企业投资一般都有投放时间上的要求，尤其是证券投资，其投资的时间性要求非常重要，筹资必须与之相配合，避免筹资过早而造成投资前的资本闲置或筹资滞后而贻误投资的有利时机。

（四）安全性原则

占用资金需要承担资金成本，债务性资金还需要到期归还，不同筹资往往带有程度不等的财务风险，企业一旦达不到预期的投资报酬率，就可能补偿不了资本成本，从而导致财务危机。因此，企业应妥善安排资本结构，努力降低财务风险。

第三节 投资决策分析信息化

一、项目投资概述

(一)投资的内涵

投资是指企业投入财力,以期在未来获取收益的一种行为。在市场经济条件下,投资是企业实现财务目标的基本前提,是发展与获利的必要手段,也是降低风险的有效方法。投资管理是现代企业财务管理的一项重要内容。

1. 投资的目标

从一般意义上看,所有的投资活动都是为了获得经济利益。因此,取得经济利益是投资的一般目标。但从企业投资的具体动机看,投资又有以下具体目标:

第一,获利目标,通过投资获取最大的收益;第二,扩张目标,通过投资扩大企业经营规模或范围,甚至开拓新领域,或通过收购或兼并实现资本扩张;第三,分散风险目标,通过投资实现持有资产的多元化,以分散持有资产所面临的风险;第四,控制目标,通过投资取得对其他企业的全部或部分控制权,以获取稳定的原材料供应,或扩大市场占有率,取得局部垄断优势。

2. 投资的种类

企业筹集到一定资金后,只有将资金投放出去,才能获得收益或实现资金的增值。投资,从特定企业的角度来说,就是企业为了获取收益而向一定的对象投放资金的经济行为。投资可以按不同的标准分为以下类型:

(1)按投资活动与企业本身的生产经营活动的关系划分

按此方法划分,可分为直接投资和间接投资。直接投资是指不借助金融工具,由投资人直接将资金转移交付给被投资对象使用的投资,包括企业内部直接投资和对外直接投资,前者形成企业内部直接用于生产经营的各项资产,后者形成企业持有的各种股权性资产;间接投资是指通过购买被投资对象发行的金融工具而将资金转移交付给被投资对象使用的投资。

(2)按投资活动资金投出的方向划分

按此方法划分,可分为对内投资和对外投资。从企业的角度看,对内投资就是项目投资,是指企业将资金投放于为取得供本企业生产经营使用的固定资产、无形资产、其他资产和垫支流动资金而形成的一种投资。对外投资是指企业为购买国家和其他企业发行的有价证券或其他金融产品或以货币资金、实物资产、无形资产向其他企业注入资金而发生的投资。

（3）按投资活动投入的领域不同划分

按此方法划分，可分为生产性投资和非生产性投资。生产性投资是指将资金投入生产、建设等物质生产领域，并能够形成生产能力或可以产出生产资料的一种投资。非生产性投资是指将资金投入非物质生产领域中，不能形成生产能力，但能形成社会消费或服务能力，满足人民的物质文化生活需要的一种投资。

（4）按投资内容不同划分

按此方法划分，可分为固定资产投资、无形资产投资、流动资金投资、房地产投资、有价证券投资、信托投资和保险投资等多种。

（二）项目投资的特点

对于特定项目的独立投入，或新倡议和更新项目的直接参与，被视为项目投资，这是一种持续的财务投入行径。从本质来说，它代表了企业的直接和实质性的内部物质入资，一般涵盖了固定的资产投入和运营资金投入等各方面。

与其他形式的投资相比，项目投资具有以下四个主要特点。

1. 投资金额大

项目投资，特别是增强生产力的策略性投入，一般都会需要许多的财力背书。这些资金通常由企业和投资者通过长期的积累获得，同时也在企业的总资产中占有大量的份额。所以，项目投资对企业未来的货币流动和财务状况会产生深远的影响。

2. 影响时间长

对于项目的投资以及其效益实现的时间都需要相当长的周期，这将对企业未来的生产管理行为以及长期的商业运营带来深远的影响。

3. 变现能力差

在项目投资上，我们通常不会设想在一年或一个业务周期内实行变现，即便在短期内变现，其能力也很有限。这是因为一旦完成了项目投资，调整起来会相当困难，要么难以做到，要么代价过高。

4. 投资风险大

由于投入项目的回报会受到各种因素的影响，和投资金额的大幅度增加、影响期限的延长、变现的难度升高，不可避免地使得其投资风险超过了其他类型的投资,会对企业未来的命运产生重要影响。大量现实案例表明,如果项目投资决策出现失误,将给企业带来破坏性的、不可逆的损害。

(三)项目投资的种类

1. 维持性投资与扩大生产能力的投资

项目投资按其与生产经营活动的关系可分为维持性投资和扩大生产能力的投资。维持性投资是为维持企业正常经营,保持现有生产能力而投入的财力,如固定资产的更新投资;扩大生产能力投资是企业为扩大生产规模,增加生产能力,或改变企业经营方向,对企业今后的经营与发展有重大影响的各种投资。

2. 固定资产投资与无形资产投资

项目投资按其投资对象可分为固定资产投资和无形资产投资。固定资产投资是指投资于企业固定资产,特别是生产经营用固定资产的投资,如对房屋建筑物、机器设备、运输设备、工具器具等的投资都属于固定资产投资;无形资产投资是指投资于企业长期使用但没有实物形态资产的投资,如对专利权、非专利技术、商标权和商誉等的投资均属于无形资产的投资。

3. 战术性投资与战略性投资

这是按投资对未来项目的影响程度来划分的。

战术性投资是指不干扰企业整体和发展方向的投资,如设备更新、工作环境改善,以及提高生产效率等局部性投资。这类投资通常涉及的投资额较小,风险较低,成效较快,并且发生频次较高。因此,通常由企业部门经理进行研究分析后提出,经企业认可后即可执行,无须投入过多的研究和分析成本。内部投资可以增强投资者的经营实力,属于直接投资,因此便于投资者的有效管理。战略性投资是指对企业整体和未来发展方向有重大影响的投资,如对新产品的投资、转产投资、设立分公司投资等。这类投资通常具有投资规模大、回收周期长、风险程度高等特点。因此,需要企业的财务人员按照严格的程序,从方案的提出、分析、论证、决策到实施等多个环节进行处理。

4. 相关性投资与非相关性投资

项目投资按其相互关系可分为相关性投资和非相关性投资。如果某项目的采纳或放弃并不显著地影响另一项目,则可以说这两个项目在经济上是不相关的,二者为非相关性投资;如果某项目的采纳或放弃会显著地影响另一项目,则可以说这两个项目在经济上是相关的,如存在因果关系的两个投资项目,就是相关性投资。

5. 采纳与否投资与互斥选择投资

项目投资从其决策角度可分为采纳与否投资和互斥选择投资。采纳与否投资是指决定是否投资某一项目的投资;在众多可供选择的方案中选择一个且只能选择一个最好的投资称为互斥性投资。

6. 新建项目投资与更新改造项目投资

根据项目投资的具体目标不同,可分为新建项目投资和更新改造项目投资,前者以新增生产能力为其主要目的,后者以恢复和改善生产能力为目的。在实物中,新建项目投资根据是否需要垫支周转资本又划分为单纯固定资产项目投资和完整的项目投资两大类。单纯固定资产项目投资,简称固定资产投资,是指在投资中只包括为取得固定资产而发生的垫支资本投入,不涉及周转资本的投入。完整的项目投资不仅包括固定资产投资,而且还涉及流动资产、无形资产等的投资,因此,不能简单地将项目投资等同于固定资产投资。

(四)项目投资决策的程序

1. 投资项目的提出

企业内部的各个层次都能提出投资项目方案,一般而言,企业的高层管理人员提出的投资项目,多数是大规模的战略性投资,其方案一般由生产、市场、财务等各方面专家组成的专门小组来拟订。基层或中层管理人员提出的投资项目,主要是战术性投资项目,其方案由主管部门组织人员拟定。

2. 投资项目的审核与分析

一个投资项目需要被审核与分析以下内容。第一,审核该项目在企业整体目标与计划下的适当性,更重要的是考虑其经济效益。第二,估算投资项目的预期现金流量,包括投资项目在未来某一特定时日结束时所产生的残余资产价值。第三,运用各种投资决策方法对现金流量进行分析,评价项目的可行性。第四,在评价过程中,要把与项目有关的风险和经济分析结合起来予以计算和记录。第五,经济分析结束后形成一份带有建议书的总结性报告,提交给决策者。

3. 投资项目的决策

投资项目审核分析完毕后,应按分权管理的决策权限由企业高层管理人员或相关部门经理做最后决策。投资额小的战术性项目投资,一般由部门经理做出决策,特别重大的项目投资还需要报董事会或股东大会批准。不管由谁最后做出决策,其结论一般都可以分成以下三种:第一,接受这个项目,可以进行投资。第二,拒绝这个项目,不能进行投资。第三,发还给项目提出部门,重新论证后,再行处理。

4.投资项目的执行

如果一项投资已经被批准而且资金已经到位,那么就意味着执行阶段已经开始。对于小额的投资支出,执行程序相对固定,而数额较大的支出,则需要进行严格的控制,以保证项目是在预算成本下进行的。执行过程中发生的单独的提案需要公司主管人员签字批准。

5.投资项目的反馈

投资项目的反馈是对结果进行监控,该过程实际上包含在执行过程中。把项目收益与成本之间的产出比与该项目预期数据以及历史数据进行比较,当实际产出偏离预期产出时,削减成本、提高收益或终止该项目的进行。

(五)项目投资的内容与资金投入方式

1.项目投资的内容

原始投资(又称初始投资)是为使该项目完全达到设计生产能力、开展正常经营而投入的全部现实资金,包括建设投资和流动资金投资两项内容。

(1)建设投资

建设投资是指在建设期内按照一定的生产规模和建设内容进行投资,主要包括固定资产投资、无形资产投资以及其他资产投资。

首先,固定资产投资是指项目用于购买或安装固定资产所进行的投资。固定资产原值与固定资产投资的关系如下:

固定资产原值等于固定资产投资加建设期资本化利息。

原始投资等于建设投资加流动资金投资。

建设投资等于固定资产投资加无形资产投资加其他资产投资。

其次,无形资产投资是指项目用于获取无形资产所进行的投资。

最后,其他资产投资是指在项目筹备期内,投资方发生的不能计入固定资产和无形资产价值的那部分投资,包括生产准备和开办费等。

(2)流动资金投资

流动资金投资指项目投产前后分次或一次投放于流动资产项目的投资增加额,亦称垫支流动资金或垫支营运资金投资。计算公式为:

本年流动资金投资额 = 本年流动资金需用额 − 截至上年的流动资金投资额

本年流动资金需用额 = 本年流动资金需用额 − 本年流动负债预计额

项目总投资是反映项目投资总体规模的价值指标,等于原始投资与建设期资本化利息之和。

项目总投资 = 原始投资 + 建设期资本化利息

其中,建设期资本化利息指在建设期发生的与购建项目所需的固定资产、无形资产等长期资产有关的借款利息。

2. 资金投入方式

投入方式包括一次投入和分次投入两种形式。一次投入指投资行为集中一次发生在项目计算期第一个年度的年初或年末。如果投资行为涉及两个或两个以上年度,或虽然只涉及一个年度但同时在该年的年初和年末发生,则属于分次投资方式。

二、证券投资概述

(一)证券的概述

证券是适应市场经济发展的要求产生的,证券特有的融资功能与取得企业控制权功能,有利于促进企业和社会的发展。

1. 证券的概念与特点

(1)证券的概念

证券指的是特定主体根据国家有关法律发行的,代表一定权利的一种信用凭证或法律凭证,用以证明持有人有权依其所持有的凭证记载的内容获取相应的权益。广义的证券包括商品证券、货币证券、资本证券。

第一,商品证券。商品证券是证明持有人具有商品所有权或使用权的凭证,取得此种证券即取得这种商品的所有权,并受到法律的保护,比如提货单、运货单。

第二,货币证券。货币证券是证明持有人具有凭借其所持有的证券索取货币的权利凭证,一般有两种:商业证券、银行证券。商业证券包括商业汇票和商业本票;银行证券包括银行汇票、银行本票和支票。

第三,资本证券。资本证券是证明持有人具有收入请求权以及依法参与管理权利的凭证,如股票、债券以及衍生的金融品种。

(2)证券的特点

证券具有流动性、收益性和风险性三个特性。在这三个特性中,流动性和收益性往往呈现负相关,而风险性和收益性则呈正相关。首先,流动性。流动性,也被称为变现性,表示证券可以在任何时候出售以获取现金。其次,收益性。收益性是指证券持有者可以通过持有证券获得相应的回报。证券的收益通常由当前收益和资本利得组成。当前收益是指以股息、红利或利息形式获得的收益,而资本利得或差价收益则是指证券价格上升(或下降)所带来的收益(或亏损)。最后,风险性。风险性是指证券投资者无法达到预期收益或遭受各种损失的可能性。证券投资既可能带来收益,也可能导致损失,具有很大的不确定性。

2. 证券的种类

(1)证券可以根据发行主体进行分类,主要包括政府证券、金融证券和企业证券。具体而言,政府证券是由中央或者地方政府发行以筹集资金的证券;金融证券是由银行或者其他金融机构发行用以带来资金的证券;至于企业证券,也被叫作企业证券,是工商企业为了募集资金发行的证券。

发行主体为政府的政府证券具备最强的保障和最小的风险;由信用评级较好的金融机构发行的金融证券,其保障力度稍弱,风险也相对较小;同时,各类企业发行的企业证券,其风险程度则受企业规模、财务状况等诸多因素影响,通常被视为风险较大。

(2)按证券到期时间的长短分为短期证券和长期证券

短期证券是指到期时间不到 1 年的证券,如短期融资券、商业票据、银行承兑汇票等。长期证券是指到期时间在 1 年以上的证券,如股票、国债、公司证券等。一般而言,短期证券的风险小,变现能力强,但报酬率相对较低。长期证券的报酬率一般较高,但时间长,风险大。

(3)按证券的收益状况分为固定收益证券和变动收益证券

固定收益证券是指在证券的票面上规定有固定收益率的证券,如债券票面上一般有固定的利息率,优先股票面上一般有固定的股息率,这些证券都属于固定收益证券;变动收益证券是指证券的票面上不标明固定的收益率,其收益情况随企业经营状况而变动的证券,如普通股。一般而言,固定收益证券风险较小,但报酬率不高;而变动收益证券风险大,但报酬率高。

(4)按证券所体现的权益关系分为所有权证券和债权证券

所有权证券又称权益证券,是体现证券持有人和证券发行单位所有权关系的证券,这种所有权证券的持有人一般对发行单位有一定的管理和控制权,如股票是一种所有权证券,股东就是发行股票的公司的所有者;债权证券是体现证券持有人和证券发行单位债权关系的证券,如债券。这种证券持有人一般无权对证券发行单位进行管理和控制。发行单位破产时,债权证券要优先清偿,而所有权证券在最后清偿,所以所有权证券一般都要承担比较大的风险。

(5)按证券收益的决定因素分为原生证券和衍生证券

原生证券是指最初发行的证券,其收益大小主要取决于发行者的财务状况,如债券与股票;衍生证券包括期货合约和期权合约两种基本类型,其收益取决于原生证券的价格,如债券期货、股指期货。

(6)按证券募集方式不同分为公募证券和私募证券

公募证券又称公开发行证券,是指发行人向不特定的社会公众广泛发售的证券;私募证券又称内部发行证券,是指面向少数特定投资者发行的证券。

(二)证券投资的特点与目的

证券投资是指企业通过购买有价证券的形式,以期获得收益或其他长远权利的投资行为,它属于一种间接投资,是企业对外投资的重要组成部分。证券投资与直接投资的最大区别在于证券流通性强,增加企业收益的同时,降低企业风险。

1.证券投资的特点

相对于实物投资,证券投资具有更强的流动性。流动性的强弱通常可以通过以下标准进行判断:明显的、大规模的投资单位的交易并未导致市场价格的大幅度波动;营业时间内存在连续的买价和卖价,存在微小的价差,证券在二级市场表现活跃。由于证券转让过程快捷、简便,因此证券具有流动性强的特点。证券的价值相对不稳定。证券投资是人与人之间的交易,相对于实际资产,证券受人为因素影响较大,且无实物作为保障,其价值易受政治、经济等环境因素影响,因此价值稳定性较差。证券投资的交易成本相对较低。这里的交易成本低是相对于实物资产的复杂交易过程而言的。证券投资简化了各种手续,交易过程快捷、简便。证券投资融合了价值贮藏、增值、流通的功能。证券信息的披露制度有助于实现投资者与筹资者之间的有效沟通。投资者通过购买上市公司的股票,可以实现投资多样化,从而分散投资风险。

2.证券投资的目的

科学合理地进行证券投资,有利于增加企业收益,降低风险,实现企业的财务目标。证券投资一般基于以下目的。

(1)利用闲置资金,获取投资收益

企业在生产经营过程中,时常会有一部分暂时不用的闲置资金。这部分资金可以投资于股票、债券等有价证券,获取投资收益。在企业有临时性资金需求时,可以将有价证券随时变卖,收回资金。

(2)多元化投资,降低投资风险

企业将资金分散投资于多个相关程度较低的项目,实现多元化经营,能够有效地分散投资风险。由于证券投资不受地域和经营范围的限制,因此投资选择面较广。当企业购买多种证券形成证券组合时,某一种证券收益下降时,其他证券可能会获得较高收益,而且投资于证券,资金的退出和回收比较容易。所以证券投资是多元化投资的主要方式。

(3)建立稳定的客户关系,保证生产经营顺利进行

企业生产经营过程中要有稳定的原材料供应和顺畅的销售渠道。如果企业能够对材料供应商或产品销售商进行投资或控股,就能够对关联企业的经营施加影响或形成控制,保障本企业的生产经营活动顺利进行。

(4)提高资产流动性,为特定需求积累货币资金

有价证券是流动性仅次于货币资金的流动资产。企业可能在将来需要归还借款、偿付债券本息、现金分红或设备更新,有大量的现金需求,而现有现金储备又不足时,可以通过变卖有价证券迅速获取所需资金,保证企业的及时支付。

(三)证券投资的对象及种类

1.债券投资

债券投资是指企业将资金投向各种各样的债券。例如,企业购买国债、公司债券和短期融资券等都属于债券投资。与股票投资相比,债券投资能获得稳定收益,投资风险较低。当然,投资于一些期限长,信用等级低的债券,会承担较大风险。

2.股票投资

股票投资是指企业将资金投向其他企业所发行的股票,将资金投向优先股、普通股都属于股票投资。企业投资于股票,尤其是普通股,要承担较大风险,但在通常情况下,也会取得较高收益。

3.基金投资

基金投资相当于一种间接的证券投资,它是将投资者的资金交给基金托管人进行托管,由基金的管理人统一打理,实现风险共担,利益共享,也是属于风险投资的一种。通过此种策略,投资者可以享受专业级别的服务,有助于降低投资风险,同时可能获得较高和稳定的回报。基金可根据投资凭证是否可赎回进行分类,即封闭型基金和开放型基金。对于封闭型基金来说,在信托合同未到期情况下,投资者无法向发行方要求赎回。而开放型基金则允许投资者随时向基金企业提出回购购买的基金,但这将会产生一些手续费。

4. 期货投资

期货投资是指投资者通过买卖期货合约规避价格风险或赚取利润的一种投资方式。所谓期货合约,是指在将来一定时期以指定价格买卖一定数量和质量的商品而由商品交易所制定的统一的标准合约,它是确定期货交易关系的一种契约,是期货市场的交易对象。期货投资可分为商品期货投资和金融期货投资。

5. 期权投资

期权投资是指为了实现盈利目的或规避风险而进行期权买卖的一种投资方式。期权是一种合约,该合约赋予持有人在某一特定日期或该特定日期之前的任何时间以固定价格购进或售出一种资产的权利。

6. 证券组合投资

证券组合投资是指企业将资金同时投资于多种证券来获取资金收益的投资方式。例如,既投资于国债,又投资于企业债券,还投资于企业股票。证券组合投资可以有效地分散证券投资风险,是企业等法人单位进行证券投资时常用的投资方式。

(四)证券投资的基本程序

首先,投资对象的挑选。公司进行证券投资的首要任务是选择适合的投资对象,也就是决定投资于哪种证券,投资于哪个企业的证券。投资对象的选择对于证券投资的成功与否至关重要。如果选择得当,可以更有利于实现公司的投资目标;反之,如果选择不当,可能导致公司遭受损失。在选择投资对象时,应遵循安全性、流动性和收益性原则。

其次,开户和委托。投资者在进行证券投资前,需要在证券营业部或证券登记机构开设证券交易账户。证券账户用于记录投资者进行证券交易和持有的证券种类和数量。开户并选择好投资对象后,投资者可以挑选合适的证券经纪人,委托其进行证券交易。

再次,交割与清算。在委托证券经纪人买卖证券后,投资者需要及时办理证券交割。证券交割是指买方支付价款并领取证券,卖方交付证券并收取价款的收付过程。清算是指投资者通过相互抵消证券交易的数量和金额,然后就抵消后的净额进行交割的清算制度。

最后,过户。证券过户是指投资者在交易市场购买证券后,到证券发行公司办理更改股东姓名的手续。证券过户通常仅限于记名股票。只有及时办理过户手续,才能成为新股东,享有相应的权益。办理过户后,证券交易才算结束。对于不记名的证券,投资者完成交割手续后,交易流程即告结束。

(五)证券投资的风险与收益

1. 证券投资的风险

证券投资风险按风险性质分为系统风险和非系统风险。

(1)系统风险

市场风险,也被称为不可分散风险或系统风险,是由外部经济环境因素变化引起的整个金融市场不确定性加强,从而对市场上所有证券都产生影响的共同性风险。例如,宏观经济状况的变化、国家税法的变化、国家财政政策和货币的变化、世界能源状况的改变等都可能导致股票收益发生变动。市场风险主要包括以下三种。

首先,利率风险。由于利率的变动而引起金融资产价格波动,投资者遭受损失的风险,被称为利率风险。证券的价格将随利率的变动而变动。通常情况下,银行利率下降,证券价格上升;银行利率上升,证券价格下降。不同期限的证券,利率风险有所不同,期限越长,风险也越大。

其次,再投资风险。再投资风险是指由于市场利率下降而导致的无法再投资从而实现预期收益的风险。根据流动性偏好理论,长期投资的收益率应当高于短期利率。为了避免市场利率变动的风险,投资者可能会投资短期证券,但短期证券又会面临市场利率下降的再投资风险,即无法按预期收益率进行再投资而实现所追求的预期收益。

最后,购买力风险。由于通货膨胀而使证券到期或出售时所获得的货币的购买力降低的风险,被称为购买力风险。在通货膨胀时期,购买力风险对投资者有重大影响。一般而言,随着通货膨胀的发生,变动收益的证券比固定收益的证券更优。因此,普通股票被认为比公司债券和其他有固定收入的证券能更好地避免购买力风险。

(2)非系统风险

非系统风险也称为可分散风险,是由于特定经营环境或特定事件变化引起的不确定性,从而对个别证券产生影响的特定性风险,如某公司工人发生罢工、新产品研发失败等。非系统风险主要包括以下几种。

第一,违约风险。证券发行人无法按期支付利息或偿还本金的风险,称为违约风险。一般而言,政府发行的证券违约风险小,金融机构发行的证券次之,工商企业发行的证券风险最大。

第二,流动性风险。在投资人想出售持有的证券获取现金时,证券不能立即出售的风险,叫作流动性风险。一种能在较短期内按市价大量出售的资产是流动性较高的资产,这种资产的流动性风险较低;反之,如果一种资产不能在短时间内按市价大量出售,则属于流动性较低的资产,这种资产的流动性风险较大。通常认为国库券的流动性风险小。

第三,破产风险。破产风险是在证券资产发行者破产清算时,投资者无法收回应得权益的风险。当证券发行者由于经营管理不善而持续亏损,现金周转不畅而无力清偿债务或因其他原因导致难以持续经营时,可能会申请破产保护。破产保护会导致债务清偿的豁免,使得投资者无法取得应得的投资收益,甚至无法收回投资的本金。

2. 证券投资的收益

从投资人的角度看,证券投资者的收益是让渡一定资产使用权获得的报酬。证券投资收益包括证券交易现价与原价的价差以及定期的股利或利息收益。收益的高低是影响证券投资的主要因素。证券投资的收益有绝对数和相对数两种表示方法,在财务管理中通常用相对数,即收益率来表示。

第五章　预算管理一体化

第一节　预算管理一体化建设的认识

一、预算管理一体化的概念

预算管理一体化的基本含义在于财政部门将财政业务工作建立在一体化管理平台的前提下,促进传统财政业务实现数字化转型。预算管理一体化建设作为财政部门改革创新的重要模式,需通过开发财政预算一体化管理平台,确保针对财政系统内部的关键数据进行标准化、统一化的采集归纳。现阶段的预算管理一体化理念已经深入贯穿在政府财政预算的全面实施过程中,从而推动促进了原有的产业模式实现优化转变,节约利用了政府的财政资源。目前伴随着各地财政预算管理一体化建设的深入推进,各地财政部门的工作效率以及资金监管得到了明显的提升与加强。

二、预算管理一体化建设的重要性

预算管理一体化通过建立一体化管理平台实现预算编制、执行、核算与决算、绩效评价、政府采购、资产管理等各环节业务的优化。因此,预算管理一体化建设对于财政部门的意义主要体现在合理控制行政运行成本、促进财政业务效率的提升、创新财政部门的管理模式等方面。预算管理一体化在政府大数据以及信息化的系统保障支撑前提下,应当能够表现为良好的协同效应与整体效应,构建了政府各个职能机构部门的财政协同配合机制。

预算管理一体化的建设实施具有很强的综合性,需要当地各预算单位的配合实施,因此预算管理一体化的建设推进是一个循序渐进的过程。同时,数字化思维理念应当融合于各级财政部门的思想观念中,以促进预算管理一体化的实践效率得到必要的提升。同时,预算管理一体化的保障机制应当得到各地政府的充分重视,通过实施全方位的业务+技术型人才培训模式来提升预算管理一体化的建设成效性,节约一体化管理的运作资源。

三、推进预算管理一体化改革的意义

(一)贯彻落实党中央重大决策部署

通过实行预算管理一体化,我们可以集中全国的预算数据,实时掌握各级预算的安排和执行情况,这为实现更优化的财政资源统筹和支出结构调整提供了强有力的手段。面对复杂多变的国际形势等客观因素影响,我国经济增长速度放缓,财政形势相对严峻,财政体系中的不稳定、不确定性因素增多,预计在未来的较长一段时间内,财政经济将处于"紧平衡"状态,收支矛盾较为突出。预算管理一体化是适应财政管理体系改革需求的。党的报告指出,需要健全预算管理制度,通过建立透明、科学、标准的管理机制实施预算绩效管理。为了进一步推动预算管理体系的改革,实现财政资金的有效配置,充分发挥财政资金的效益,提升各类公共资源的统筹能力,需要加强对预算的管理,综合预算项目的质量管理和效益管理,推动国家治理实现现代化。预算管理一体化通过创新管理技术,建立现代化管理平台,打破信息壁垒,通过数据互通以及分析整合产生1+1>2的结果优势,充分统筹现有资源,为贯彻落实中央重大决策部署、服务构建新发展格局、促进现代化经济体系的建成提供重要的数据支撑。

(二)深化预算管理体系改革

第一,提高财政管理的统筹力度。传统的预算管理体系缺乏统一的规范,不同地区之间的预算管理模式存在一定差异,缺乏对预算的刚性约束。部分预算单位对于财政拨款项目重视度较高,但是对经营收入等自有资金收入管理不足,不利于统筹资金管理各环节,也不利于实现不同环节之间的衔接。随着预算改革的逐步深入,一些深层次问题逐步暴露出来,如预算统筹力度不足、分配方法不够科学、预算约束不够有力、资源配置使用效率有待提高等,影响了财政资源的统筹和可持续性,迫切需要以信息化手段驱动实现预算管理现代化,加快实现预算制度改革目标,推动实现国家治理体系和治理能力现代化。预算管理一体化实现对预算管理全流程整合,从各方面进行统一管控,从而提高资金管理的规范性。科学制定支出标准、全面规范预算管理和强化预算约束,就必须实现各层级政府预算之间、各预算管理环节之间,以及政府预算、部门预算和单位预算之间的有效衔接控制,加强对部门和单位各项资金资产的统筹管理。因此,预算管理一体化既是深化预算制度改革的重要内容,也是支撑预算制度改革得以有效实施的重要手段。

第二,可以帮助实现预算单位和财政部门之间的有效衔接。预算管理一体化实现了财政部门和预算单位之间的联动管理,预算管理一体化体系有效提高了预算的刚性约束,减少了财政风险发生的可能性,控制了传统管理模式下预算追加与调整的行为。预算管理一体化以信息化技术为支撑,实现对额度拨付、预算执行、预算结余结算等管理的全面管控,从而加强了对预算的管理。

(三)有利于提高部门预算管理水平

第一,实现资金流向的透明化。通过实施全流程电子支付,可以优化预算支出审核流程,全面提升资金支付效率,建立全面覆盖全链条的转移支付资金监控机制,实时记录和动态反映转移支付资金分配、拨付、使用情况,确保资金从预算安排源头到使用末端全过程来源清晰、流向明确、账目可查、账实相符。此外,主管部门可以全面掌握所属单位的资金使用情况,充分发挥审核监督指导作用,有助于更好地开展绩效监控、绩效评价等工作。

第二,提升预算管理的精细化程度。预算管理一体化通过构建全过程的管理平台,疏通各业务板块之间的内在联系,健全数据共享与互联机制,从而提高预算管理的精细化水平。预算管理一体化将政府采购、资产管理和预算管理等流程纳入信息系统中进行一体化管理,能够有效避免传统预算管理过程中浪费财政资源等风险,通过整合各项信息系统实现业务流程的全面管控,有助于进一步改善预算管理的精细化水平,确保预算在执行的各环节充分考虑单位各方面工作的特点。

第三,预算管理一体化有助于改进传统项目管理模式。预算管理一体化使所有支出项目纳入库管理,按照支出分类将预算分为人员类项目、运转类项目、特定目标类项目。人员类和运转类项目按照"先有项目再安排预算"的原则,从项目库中选取项目进行预算管理,从而提高资源统筹能力。通过建立项目库的方式,实现了对项目绩效的有效管控,从而进一步提高了财政资金的产出效益与社会效益。

第二节　预算管理一体化存在的问题及对策

一、预算管理一体化建设现状

(一)政府部门间协作机制不足

政府各部门之间由于缺少了数字信息技术的保障,因此政府机构的相互配合力度较弱。目前,各地政府部门间数据互联互通协作机制仍未有效建立,政府部门欠缺紧密的信息互动与共享机制。例如,部分地方财政部门难以直接与地方税务、人民银行、人力资源与社会保障、审计等部门实现基础信息的共享共用,导致预算管理一体化系统数据的收集分析受限。由此可见,政府部门协作配合力度不足也会造成预算管理一体化实施效率的低下。因此,政府各部门间的协作配合机制仍需要得到进一步的完善,以增进政府部门之间的沟通。

(二)财政部门内部协同不足

预算管理一体化的关键就是要构建财政信息化的系统协同机制,但是数字财政的信息化系统目前仍然缺少必要的协同保障机制。目前,财政部门内部仍然缺少相互间的协同配合,如当地的非税收入系统、债务系统、财政监督双监控系统等业务仍未纳入一体化管理当中。近些年来,随着财政部的高度重视,预算管理一体化系统已经广泛运用到各地的财政管理工作中,使各业务系统快速融入一体化管理系统当中,但是推进力度仍存在一定的滞后,根源主要在于财政部门内部各业务链条之间缺少良好的协同性,以及预算管理一体化建设的组织保障机制的缺失。

此外,上下级的财政部门之间的协同不足,中央和地方财政系统信息仍未实现完全贯通。下级财政部门尤其是市县财政部门,因缺乏必要的技术人员与资金保障等因素,无法很好地跟进落实上级财政部门的建设要求,同样不利于预算管理一体化的建设进程的顺利推进。

(三)财政数据收集及分析系统滞后

财政信息数据分析应当能为当地政府的科学决策提供支撑,但是现有的财政数据采集效率仍较低下,数据不准不规范的情况常有发生,导致数据汇总分析缺少必要的准确性。财政预算管理一体化的深入实施依靠财政数据信息的准确分析,目前大多数预算单位及财政部门内部的业务人员每天需要应对大量的财政数据,如果缺少数据的自动采集校对,那么收集来的财政数据无可避免地会出现较多的误差。相关部门如果没有配置数字化的财政管理以及数据分析系统,则会阻碍政府开展数字化的财政管理转型,对政府的财政资源造成浪费。财政业务人员的统计数据信息存在人工操作的误差,财政数据分析的错误将会导致财政部门运行效率较差,根源主要体现在财政部门内部的信息化基础设施不够完善。

(四)缺乏财政业务+技术人才

预算管理一体化的全面实施必须建立在业务+技术人才培养的前提下,但目前各地数字财政的人才保障机制仍有待完善。一方面,由于各地因薪资、晋升空间等原因难以充分引进信息系统相关的技术人才,数字化建设的人才保障机制未能获得完善。另一方面,财政部门内部缺失对数字财政人才的激励与保障措施,数字财政的技术人才无法得到有效成长。由此可见,在深度推进预算管理一体化的未来,重要保障措施应当体现在加大数字化财政人才的引进与培养上。

二、预算管理一体化建设的优化策略

在当前数字政府发展的背景下,各地预算管理一体化的组织保障制度已经趋于不断优化完善,一体化的建设运行也应当得到必要的保障创新。预算一体化的数字财政运行保障机制应当得到更加深入的贯彻,促进数字财政以及政府预算的规范制度得到必要的整改。从目前的状况来看,预算管理一体化现有的整个运行机制仍存在一定的不足,导致一体化系统实施效率低下。为促进数字财政建设,建议各地政府及财政部门参考实施以下四点优化策略:

(一) 建立上下联动一盘棋机制

预算管理一体化系统应体现在上下联动的一盘棋财政体制转型上,确保财政内部各业务链条等能一竿子插到底,实现中央到省、市、县、乡镇的贯穿。目前,大多省份的一体化建设主要由省本级财政部门负责功能的开发与完善,地市和县区财政部门负责保障当地数字财政系统功能的执行应用和运行维护,从而实现全省贯通实施。为保障预算管理一体化的顺利运作,各地财政的预算安排须对当地预算管理一体化的必要运行成本进行保障,使得一体化的创新管理模式达到最佳实践效果。当前,预算一体化的保障机制得到深入的贯彻推行,决定了数字财政的良好实践效益能够得以完整发挥。目前,预算管理一体化有力提升了预算管理改革的效能,弥合了地区间信息化管理的巨大鸿沟,切实提高了财政资金全流程管理能力以及市县管财理财能力。进入预算管理一体化建设新阶段,各地政府应当在顺应数字化时代新要求的基础上把准全国预算管理一体化建设的发展趋势和规律。按照整体治理的思路,理顺业务逻辑和技术逻辑,提出更具系统性、前瞻性的新规划,进一步优化系统框架、升级规范标准、贯通纵横数据。例如,广东数字财政系统全省全面上线后即实现全省 4.4 万个预算单位、14.1 万个平台用户在"同一标准、同一平台、同一系统"下开展预算业务。打造承载全量财政业务的信息化、数字化的"线上财政厅局",带动广东财政管理在工作规则、业务流程、组织架构、管理模式、政策制度方面发生重大变革,形成引领未来管财理财的新模式新机制。

（二）应用先进技术

预算管理一体化的深入建设实施不能缺少数字化技术平台的支撑,目前针对预算管理一体化建设领域的信息技术还有待完善。政府职能机构针对先进的大数据系统必须进行完善,以确保财政预算的实施效果得到客观的评估。具体针对先进技术在融入数字财政的构建过程中,应当以"数据驱动"赋能财政业务提质增效。做好数据驱动,将数字化应用融入"以数辅财"大格局,利用数据赋能技术来构建财政知识图谱和数据分析模型,将海量的财政数据进行归纳整理、统计分析,并且在此基础上去识别问题、发现规律、找到趋势,运用科学统计数据来支撑政府决策科学化、财政治理精准化、公共服务高效化。

近年来,浙江省湖州市德清县一方面加大财政投入,整合各类资源,以地理信息技术为基础,围绕农村全域和农业生产全产业链,开展大规模的"数字革命";另一方面,全面推进全域数字治理试验区建设,促进县域农村财政管理模式加快转型和升级。通过数字赋能乡村发展、财政治理和服务,德清县在开展数字乡村建设过程中,推进数字技术与财政体制制度的深度融合,优化乡村财政系统的数字服务模式。

逐步建立起购置、使用、处置前后衔接,预算、政府采购、资产管理环环相扣的全链条闭环管理体系,促进存量资产与新增资产的挂钩,在节约的前提下实现均衡配置。预算安排环节逐步推动维护费用与实物资产相匹配,同时探索建立长期低效运转资产调剂共享机制,建立资产绩效评价体系。此外,以项目为主线将前期谋划、项目储备、项目实施、项目终止等各个环节有序串联,形成完整、清晰的管理链条,展示全过程管理,并根据项目执行情况对决算等数据进行梳理、提炼并进行规律性分析,将科学合理的执行情况作为制订和调整标准的重要参考。根据存量资金以及其他资金收入情况加大对存量资金的统筹力度,结合项目性质完善结余资金自动收回使用机制。

(三)完善一体化系统建设保障机制

目前,财政预算管理一体化的实践保障机制已经初步建立,预算管理一体化具有综合性与体系化的显著特征,要求相应的数字财政的实施保障机制必须尽快完善。具体到预算管理一体化的机制下,关键应当体现在人才、资金、设备等资源得到更加均衡的分配,确保预算管理一体化的创新发展格局能够得到全方位的完善。通过实施全方位的深度融合措施,预算管理一体化的运行效率得到进一步的提高。

财政预算管理一体化应当建立在规范化的保障支撑基础上,避免一体化的实施过程存在盲目性。深入贯彻与实施预算管理一体化的模式,关键应体现在转变管理理念,从组织和制度层面,以更加稳定的专职机构、更加规范的制度体系,来统筹推进和协调深化预算管理一体化建设。一方面通过强化组织保障,培养业务、技术、经验和管理融合的高素质专业化人才专职负责推进建设。除此之外,培养财政内部处(科、股)室的数字财政专员,配合数字财政的建设,反馈各处(科、股)室遇到的问题以及提出与数字财政相关的建设需求。另一方面,进一步完善规则体系,在总结预算一体化建设前期经验的基础上,进一步破除深层次体制机制障碍和瓶颈制约,加快形成规范统一、约束有力的制度规则体系。

当前和今后一个时期,各地财政都处于紧平衡状态,收支矛盾较为突出,加之预算管理中存在统筹力度不足、预算约束不够有力、资源配置使用效率有待提高等问题,影响了财政资源的统筹和可持续性。财政预算管理一体化通过技术手段加强对各预算单位预算编制、执行等业务链条的控制,对于促进各地财政资源的合理分配与监管具有显著的作用,同时也能实现跨越式的财政预算管理模式创新。在目前数字政府的发展背景下,财政预算管理一体化的保障体系正趋于优化完善,客观上为一体化的深入贯彻实施提供了坚实的基础。在推动预算管理一体化深入发展的过程中,应当建立完善的上下联动一盘棋机制,在同一标准、同一平台、同一系统下完成财政业务。此外,强化前沿技术的学习与开发,强化财政数据的收集与分析。最后,各地要加强完善一体化系统建设保障机制,加大财政业务人员技术+业务综合素养的培训,促进财政相关的业务人员信息化实践能力的提高。

(四)提高对预算一体化管理的重视

行政事业单位需强化预算整合观念的推广,须了解预算整合管理涉及业务管理系统的提升,有能力实施对各个管理流程的整合管理,并通过 IT 技术对行政事业单位的管理机制进行有序的改制,这对行政事业单位内部员工来说既是机遇也是考验。传统的管理方式需改变,部分员工可能不能适应预算整合管理的变革,无法达到所要求的工作标准,因此行政事业单位需加强对员工的培训。首先,单位内部的财务人员需要主动学习预算管理一体化的相关知识与技能,学习资产管理、政府采购等多方面知识,紧随时代的发展转变思想观念。预算一体化管理让财务人员有更多的精力和时间注重对预算资金使用的管理,促使财务人员由核算型转向管理型的复合型人才。单位需要加强对内部财务人员的培训,促使财务人员从核算型转向管理型,引导单位职工充分认识到预算管理一体化对单位发展的重要意义,从而促使预算的各环节实现更为精细化的管控,实现对资源的统筹管理。同时,单位内部的全体成员要摒弃传统管理理念下的认识,认识到预算管理并非仅是财务部门的工作,而是涉及单位的全体员工,各级员工都需要主动配合预算管理,细化预算编制流程,促使财务和业务实现有效融合。其次,单位的管理层需要认识到预算管理工作的重要性,在预算编制过程中需要加强对单位内部各项工作的统筹力度,通过上行下效的方式让员工重视预算管理机制,实现全员参与预算管理的效果。

第三节　预算管理一体化在事业单位中的应用

伴随着社会经济的不断发展,基层事业单位也取得了一定的发展成绩,而实行预算一体化,对于基层事业单位而言,具有加强内部控制效果的重要作用。因此,基层事业单位应该重视预算一体化的应用,明确预算管理一体化的作用,促进基层事业单位的长远发展。在此过程中,基层事业单位的领导人员要充分发挥带头作用,不断提高自身对预算管理一体化的认识,带领工作人员更好地完成预算工作,促进基层事业单位的稳定发展,实现制定的发展目标。

基层事业单位想要不断发展,必须应用预算管理一体化,对单位的资金实行全方位的管理,实现基层事业单位的改革转型。目前,基层事业单位预算管理一体化应用中还存在一些问题,单位领导应该重视这些问题,积极寻找解决对策,进而解决这些问题,保证预算管理一体化在基层事业单位中得到充分应用,促进事业单位获得更好的管理效果。

一、预算管理一体化在基层事业单位应用的作用

(一)有利于目标的贯彻执行

在基层公共机构的预算管理中,采用一体化管理方法有助于推动目标的执行。实际上,预算管理一体化不仅涉及财务资源的管控,还包括将机构所有经济活动纳入其中,具有经济管理全面性的特点。对于基层公共机构来说,实施预算管理一体化可以作为管理人员的工作导向,确保管理工作的目标性,降低管理工作的盲目性。预算管理一体化还能够有效拆解总体目标,将其分解为一个个小目标,使其更易实现。在考虑内外部管理环境变化的情况下,制订合理的预算计划,并将其纳入基层公共机构的整体工作中。及时发现机构管理中存在的问题,对于财务风险具有良好的控制作用,能够为公共机构整体发展提供有力保障。

(二)完善事业单位考核机制

目前,从基层事业单位的整体情况来看,预算管理一体化的应用对于单位的绩效考核具有重要作用,有利于完善基层事业单位的考核机制。由于预算管理工作需要处理大量的信息数据,很难做到详细的处理,不能完全保证考核结果的真实性与合理性。

而预算管理一体化的应用可以通过大数据的多功能,对信息资料进行详细的分析。并且,在预算方案执行的过程中,负责人员可以根据预算实际执行情况不断完善考核机制,充分保证考核机制的公平性与公开性。当基层事业单位的考核机制得到完善后,工作人员的工作态度将呈现出积极的状态,更注重工作中的规范性,有助于基层事业单位整体管理工作的开展。

(三)保证内部资源配置的合理性

由于市场经济的不断变化,基层事业单位也面临着很多不确定的因素,在这种情况下,事业单位应该不断提高自身综合能力,合理配置单位内部的各项资源,保证各项经济管理活动可以有足够的资金作为活动开展之需。在实行具体的资源配置工作时,可以根据预算管理一体化中显示出来的资源分布信息,了解资源分布是否合理。如果发现存在不合理的资源配置情况,应该及时实施相关调整工作,进而充分保证基层事业单位的内部资源配置的合理性,促进事业单位的长远发展。

二、预算管理一体化在基层事业单位应用中存在的问题

（一）预算管理一体化制度不完善

预算管理一体化在基层事业单位实施的过程中，存在制度不健全的问题。由于基层事业单位的领导没有给予预算管理一体化足够的重视，也没有建立相应的管理制度，使得预算管理工作效率无法得到有效提升，整体工作处于被动状态。即使设立了相关管理制度，但由于没有根据自身实际情况制定，导致一体化制度缺乏可操作性，无法为预算管理工作的顺利进行提供支持，反而可能因制度不完善而制约单位的发展。事业单位与企业存在一定的差异，前者以服务为核心，后者主要以经济效益为核心。目前，事业单位的资金主要来源于财政拨付，只需要对资金进行合理调配就能满足财务工作需求，因此，在预算管理体系的建立上并未给予足够重视，这也导致预算管理工作无法得到有效优化。如果这种情况持续下去，将对基层事业单位的发展产生不利影响。

（二）预算管理一体化意识薄弱

在基层事业单位预算管理一体化的应用过程当中，主要是充分运用信息化的多项功能。但是，很多事业单位在实际工作中，并没有强调一体化的重要作用，很多工作人员对于一体化的认识相对薄弱，对其认识往往存在着片面性，这将对预算管理工作造成一定阻碍。相当一部分领导人员认为应用预算管理一体化是财务部门的工作，不需要单位内部其他部门的配合，不重视对其他部门工作人员预算管理一体化意识的培养。因此，导致基层事业单位存在预算管理一体化意识薄弱、协作性不强、编制质量不高等问题，严重阻碍相关工作的顺利开展，因此，针对预算管理一体化意识薄弱问题应提出解决方案。

（三）预算管理一体化监督机制缺失

目前，很多基层事业单位的预算管理一体化的监督机制都是缺失的。虽然一些单位建立了监督机制，但是该机制并不具备完善性与有效性。通常情况下，所构建的监督机制并未有效落实，往往流于形式化，未能发挥出真正的作用与价值。在执行时常常因为力度不够导致执行效果不佳，没有使用信息技术的多项功能对单位预算管理的全过程实行监督控制。现如今，是互联网信息技术快速发展的时代，利用信息技术手段可以推动预算管理工作有条不紊开展，但是因为管理者不重视信息技术的应用，再加上监督机制缺失，无法达到预期的预算管理效果。另外，社会大众对于基层事业单位的关注过少，也

会影响预算管理一体化监督机制的建设,进而造成单位资金浪费、使用效率不高,出现财务流动透明性差的情况,严重影响单位资源配置的合理性。

(四)预算管理一体化缺乏准确性

基层事业单位的预算管理工作主要是全方位管理控制资金的使用,进而达到良好控制资金的效果,避免单位的资金出现浪费的现象。然而,在基层事业单位的实际工作中,往往只注重申请资金,并不重视资金的管理工作,再加上预算管理一体化缺乏准确性,就会对预算管理工作的顺利开展造成影响,同时也不利于单位的可持续发展。当然,在执行预算时也没有进行有效监督,出现资金使用不明确的情况,资金作为基层事业单位稳固发展的驱动力,倘若资金管理不到位,就会对基层单位产生不利的影响。因此,相关领导人员应该重视预算管理一体化缺乏准确性的情况,积极采用更加科学的手段,保证预算管理一体化充分发挥出该有的作用。

(五)预算评价结果运用不充分

在基层事业单位的预算管理工作中,对于预算评价的结果运用不充分,没有进行科学的预算编制,所制定的预算内容与单位发展目标存在分歧,导致预算管理开展困难重重,无法获得预期的一体化管理效果。同时,管理人员对于预算评价结果也没有给予足够的重视与充分利用,造成了预算评价过于形式化的现象。如果事业单位长期处于这种状况,将不利于单位的整体管理,导致各种风险的不断加剧,对基层事业单位造成严重的经济损失。因此,基层事业单位应该重视预算评价结果运用不充分的问题,制定有效的策略解决这个问题,避免不良状况的发生。

三、预算管理一体化在基层事业单位的应用策略

(一)完善预算管理一体化制度

在基层事业单位的管理工作当中,应该不断完善自身的预算管理一体化制度,将制度的理念充分融合到管理环节中,进而实行预算的科学性编制方法。根据基层事业单位的实际,加强各个环节的管理规划,根据预算执行的具体效果,制定出业务的考核范围以及相关标准,如果考核的结果判断为符合预算的范围,将评价为项目费用使用合理,如果考核结果评断为超过预算范围,那么评价就为不良或不合理,进而需要根据评价结果做出补充评价,从而有利于对各项业务的管理评价。并且,应该实行上下结合的方法,促进领导人员与

工作人员共同参与到预算管理一体化的工作当中,在这种情况下工作人员对于预算管理一体化的认知会更加明确,主动配合相关工作的开展,提高基层事业单位的整体工作效率,有利于事业单位的稳定管理,取得良好的工作效果,更好地服务于社会大众。

(二)健全预算管理一体化监督机制

在基层事业单位预算管理一体化的应用工作中,应该健全预算管理一体化的监督机制,充分利用信息技术的多项功能,及时调整内部管理工作的不足。同时,必须注重基层事业单位内部与外部的监督执行情况,明确各管理部门的职责范围,不断加强单位的内部审计。通过对信息技术的使用,全面监督单位的管理体系,充分了解各个环节的管理状况,进而发现管理中存在的问题以及各项风险,借助大数据的功能,帮助单位获得更高的收益。另外,在单位运用预算管理一体化时,需要从基层事业单位的实际情况出发,分析内部资源配置是否具备科学性,进而实行有效的调整,保证单位资源配置的合理性,促进基层事业单位的长远发展。在此过程中,基层事业单位的领导者必须大力支持预算管理一体化监督机制的健全,积极跟进健全进度,要求相关负责人员充分落实具体工作,并制定进度落实报告。如果领导人员发现监督机制执行过程中对落实工作效果不明显,需要与负责人员共同分析具体原因,进而改变这种状态,保证预算管理一体化的监督机制得到有效健全,促进预算管理一体化工作应用的有效性,这样才有利于基层事业单位的全面发展。

(三)注重预算管理一体化的准确性

在基层事业单位预算管理一体化的工作当中,需要确保预算管理一体化的准确性,合理应用预算管理一体化。首先,基层事业单位应该健全信息反馈机制,保证各项信息资料的准确性与完整性。如发现信息资料不准确的情况,应该要求相关部门及时改正,保证信息资料的真实性与准确性,避免由于信息的不准确,导致预算管理后续工作存在一定的偏差,不利于整体工作的开展。其次,合理调配基层事业单位有限的资金,将资金用于需要的地方,不可以随意支配资金。在支配资金之前需要经过严格的分析与会议探讨,如果必须进行资金投入,再进行资金调配,如果认为没有投入资金的必要,那么将不允许动用资金,将单位有限的资金发挥出最大的作用,更加有利于基层事业单位的发展。最后,把预算管理一体化作为协调内部活动的基础,将预算按照各部门职能进行合理性分配,通过细化预算实现良好控制的目的。同时,注重提高工作人员的道德素质水平与工作能力,合理安排预算管理工作岗位,使每一位工作人员符合岗位工作需求,并对工作人员进行定期考核,了解工作人员的工作情况,进而保证预算管理一体化取得良好的应用效果,促进基层事业单位的长远发展,为广大群众提供更好的服务。

(四)充分运用预算评价结果

在基层公共机构的预算管理一体化执行过程中,应充分发挥预算评价结果的价值。公共机构的预算评价不仅包括对员工预算完成数据的评估,也包括对预算计划实施效果的全面分析。面对此种情况,公共机构需要合理评估预算计划的执行所产生的效果,全面了解预算计划的执行情况和进展,并找出预算计划执行过程中的问题和不足,进而解决这些问题,确保预算计划的制定具有有效性、科学性,有效控制基层公共机构的整体预算,防止资金浪费,节约基层公共机构的资金支出。同时,基层公共机构可以通过预算评价结果实施奖励制度,将绩效评价结果与员工的考核管理相结合,激发员工的工作积极性。对在工作中有特殊贡献的员工实行精神和物质的双重奖励,并在会议上予以表扬,鼓励其他员工在工作中实现创新,促使员工更加认真工作,提高基层公共机构的工作效率,实现设定的发展目标,推动基层公共机构的持续发展。此外,可以利用信息化技术的便捷性,结合智能软件,提高预算管理水平,更全面地分析基层公共机构的实际管理情况,制定更合理的预算计划。总的来说,基层公共机构在预算管理一体化的执行过程中,需注重预算评价结果的应用,明确评价结果的重要作用,促进基层公共机构的稳健运营,提升预算管理的整体水平,实现基层公共机构的发展目标。

通过以上对预算管理一体化在基层事业单位应用的分析,可以看出,基层事业单位在实施预算管理一体化的过程中,还存在一些问题,如果这些问题长期存在于预算管理工作中,则无法取得预期的工作效果,不利于预算管理一体化的高效应用。

第四节　预算管理一体化改革实践与路径优化

一、预算绩效管理改革的意义和价值

(一)契合绩效预算改革政策导向

根据《中共中央、国务院关于全面实施预算绩效管理的意见》要求,要建立现代的财政制度,优化财政资源,提高公共服务水平,推进"五位一体"总体布局和协调推进"四个全面"战略布局,坚持以供给侧结构性改革为主线,着力解决当前我国预算绩效管理中存在的突出问题。因此,在这种情况下,我们应顺应时代发展需要,按照党和国家的有关要求,针对当前我国预算绩效管理中存在的主要问题,对预算绩效管理进行全新的统筹、设计。科学、有效地进行预算绩效管理改革,将整体绩效预算改革和部分绩效预算改革相结合,在此基础上进行调整,有利于更好地推进现代化财政体系建设。

(二)夯实预算绩效评价制度安排

目前所采用的部门预算绩效评价体系,由于缺乏理论依据和实践检验,在执行过程中遇到诸多问题。因此,当前的关键任务是针对实施预算绩效的部门设计评价框架,找出当前部门预算绩效评价制度中存在的问题和不足。例如,在部分基层单位,预算绩效评价由部门单独组织,实施过程中缺乏完善的细则和评价制度作为评价依据。针对这一问题,可以选择具有代表性的基层单位作为试点,探索预算绩效评价的有效性和可行性,根据试点单位取得的效果,逐步推广和实施,这将有助于推动财政和部门单位绩效预算改革。同时,部门预算绩效评价的系统化建设对于加强部门资源使用者的职责,提高预算资源配置效率,加强部门预算管理具有重要意义。

二、预算绩效管理改革的主要内容

理论研究终究是为现实服务的,只有将理论和实际相结合,在现实中应用相关的经济学理论,才能感受到经济学的巨大魅力,在预算改革与预算绩效评价这类实践性相对较强的领域里,理论与现实的契合程度显得尤为突出。围绕面向绩效预算改革的绩效评价研究主题,力图实现以下五点改革目标:

(一)形成有理有据的整体研究框架

尝试规划从逻辑起点设定、在逻辑演绎过程中提炼出结果的基本流程,从演绎过程中评价指标的载体、评价技术的发展脉络和评价结果分析中得到的预算绩效评价研究构架。

(二)演绎面向绩效预算的预算绩效评价理论结构

探寻一种适应绩效预算改革政策基调的理论框架,亦即理论上能够适应未来绩效预算改革的导向,指导近期预算绩效评价实践的开展。

(三)构建预算绩效评价指标

基于面向绩效预算的预算绩效评价理论结构,首先,从评价视角观、范畴观、架构观与指标观拓展部门预算绩效评价的规则定位;其次,根据专家的意见进行集成性的分析,分析其认知水平的隶属度,分析衡量评价体系的数据支撑的测量度,分析评价信息重叠程度的相关性,分析评价指标识别能力的鉴别能力,以此来筛选评价指标体系中存在的问题和缺陷。旨在提高指标体系的合理性,整合理论初构与实证筛选,形成科学的部门预算绩效评价指标体系。

(四)定位预算绩效评价指数模型设计技术路径

评价模型是评价主体对评价客体的价值体系结构在形式上的概括。多指标综合评价模型的构建与检验是部门预算绩效评价的关键环节,是确保预算绩效评价纵深拓展、获取准确评价结论的重要途径。首先,提出预算评价的指数化模型选择与组合化实现方法;随后,系统构建基于结构方程模型与复核功效函数的评价指数模型以及整合成分分析、复核功效函数的评价指数模型。旨在设计清晰的评价技术路线,选用有效的评价方法,组建综合的评价模型,输出直观的评价结果。

(五)解析预算绩效评价输出结果

预算绩效评价指数的等级分布状态与描述性统计结果显示了预算绩效较差的状况,时序和类型特征作为外在因素对预算绩效水平的影响程度有限,从而判断出预算综合与分类绩效普遍较差的常态,这种状态的解释有待于通过预算绩效评价指标的描述性统计,揭示造成预算绩效不佳的内在因素,预算绩效评价输出结果反映了什么客观现象,揭示了哪些深层原因。

三、预算绩效管理改革的创新内容

全新的绩效预算方法,能够更加直观地看到产出与成果的效果,从而能够让管理者更好地认识到自己工作的成效,可以根据绩效成果有效地进行资源的分配,从而提高财政支出的有效性。学界有这样的一个问题在谈到预算改革的过程中常常被忽视:"未来绩效预算改革是对部门预算的变革抑或调整。"这个问题应该被重视,因为我国的远期绩效预算改革,是在部门预算框架下的预算管理理念调整,其目的是将预算资源配置好并实现其与绩效目标相整合。因此,本文从预算配置绩效评价指标、预算执行绩效评价指标、预算决算绩效评价指标的创新进行展开。

(一)预算配置的绩效评价

为贯彻落实预算编制改革,首先要遵循的是国家财政部门要求的中央部门预算编制中规定的八项基本原则,即 2008 年发布的《中央部门预算编制指南(2008)》中,规定的预算编制应该遵循合法性、真实性、科学性、完整性、稳妥性、重点性、透明性、绩效性原则,这八项基本原则从理性的角度要求预算编制要符合规范、保持信息完整、收支平衡等。遵循这八项基本原则对部门预算编制进行建构可以从一定程度上量化评价指标,以便提高考核实际和维护指标的契合度。建立以预算配置为目标驱动因素的预算绩效评价是定位预算编制阶段的决策评价,同时也是一项事前评价,即对部门预算管理流程的数据评价体现。通过绩效预算得出的数据,可以更加直观地取得各部门预算的资源分配的配比关系,进而可以更加准确地、科学地进行预算配置资源。因此,合理地配置预算经费,根据不同的绩效配置因素、当年预算编制的水平、预算收支结构的稳妥程度、结构因素这些不定量因素,及时进行调整从而能够使预算配置绩效保持更好的状态。

影响预算配置绩效的规模、结构与变动因素指标围绕收入预算与支出预算的基本结构展开。分析预算收入可以从总预算收入和职均预算收入进行,将其分为总体和部分两方面进行分析。部门预算要根据财政拨款和自筹预算收入比重与变动率的变化,进行调整,从而更好地持续培养财源能力。可以通过不同的标准对基本支出与项目支出、人员经费与公用经费作为支出预算进行整体的统筹,从而合理配置资源。在符合预算资金的分配的总体分配原则"一要吃饭,二要建设"的方针下,要先保证重要的支出,再保持基础的支出,而后对项目支出予以分配,要按照人员经费的预算不挤压公共经费的预算进行分配。

(二)预算执行的绩效评价

以预算执行为目标导向的预算绩效评价是对预算执行阶段的过程性评估,也是对部门预算管理流程中的事中评价。通过绩效预算产生的数据,可以更直观地了解各部门预算资源分配的比例关系,从而更精确、科学地进行预算资源配置。作为预算编制计划实施的至关重要环节,预算执行的重要性不言而喻。预算执行主要涵盖预算组织和支出预算控制两大方面。首先,要评估预算收入能力,确保预算收入及时入账并用于支出。其次,要根据规模和结构因素设定总预算收入执行率,适时调整财政拨款预算执行率、自筹经费预算执行率,提高自筹执行收入满足人员经费比例、自筹执行收入满足公用经费比例等指标。综合考虑预算落实、获取财政拨款能力及自筹经费到位等因素,设置财政拨款与自筹预算收入执行变动率,以评价预算经费到位程度的相对变动。在支出预算方面,要确保预算及时到账;在资源配置时,要控制支出、避免不必要的支出,优化支出结构。从整体预算开支来看,要合理配置总预算经费开支率、公用支出开支率、人员经费财政保障率、公用经费财政保障率等指标,衡量部门预算主要经费的实际开支状况和经费保障能力。

(三)预算决算的绩效评价

确立以预算决算为目标的预算绩效评价,是一种对部门预算管理流程的事后评价,在一定程度上代表了定位预算决算阶段的结果评价。通过分析数据之间的对应关系,反映出具有可行性的预算决算绩效的指标。作为预算管理流程中最后的一个环节,预算决算绩效在保持预算配置、执行绩效评价的逻辑对应关系的基础上,要衡量预算经费支出结果意义上的决算绩效;另一方面,根据财务管理绩效是基础、事业发展绩效是外延的逻辑思维,考虑财务状况与事业成果,衡量财务管理与事业发展意义上的决算绩效,设计科学反映事业成果的指标体系。

第六章　财务管理信息化的应用分析

第一节　企业级财务管理信息化应用

财务管理信息化是公司信息化建设的重要组成部分,因此,各方对财务管理信息化的重视程度日益提高。以财务核算为核心的会计信息系统在一段时间内得到了广泛的应用,然而,财务管理信息化的应用主要局限于使用 Excel 进行财务分析和决策,甚至产生了财务管理信息化就是构建和应用财务管理模型过程的误解。随着现代信息技术和科技的持续进步,财务管理信息化逐步从单纯的财务管理模型的构建和应用中走出来,向系统应用、集成应用、开放应用方向发展。尽管不同层次的财务管理活动在管理方法和侧重方向上存在差异,但不同层级的财务管理信息化应用并非相互排斥、相互矛盾的关系,而是紧密的联系,是相辅相成的。企业财务管理信息化应用是指在公司范围内构建财务管理信息化系统,决策信息面向公司管理层。

一、局部财务管理信息化应用

(一)局部财务管理信息化应用的主要内容

企业在应用财务管理信息化初期,财务管理信息化活动只在财务部门内部,主要是通过计算机或搭建的网络平台完成财务分析、财务决策、财务预算等活动,为企业管理层提供相关的决策信息。局部财务管理信息化应用的主要内容包括财务分析、投资决策、筹资决策、股利分配和经营决策五个方面。

1. 财务分析

在局部财务管理信息化应用中,财务分析主要以财务报表及其他资料作为主要依据和分析起点,主要通过比较分析法或因素分析法,分析、评价企业过去及当下的经营成果和财务状况,以了解企业过去的经营状况和财务状况,对当前企业经营情况进行评价,以便对企业未来经营状况进行预测,帮助企业改善经营决策。

2. 投资决策

为使企业经济资源增值,企业会进行一系列的投资活动。根据投资的形式不同,投资可分为实物投资与金融投资两种。经济资源是企业的稀缺性资源,因此企业投资会首先考虑投资的有效性和投资效率。在财务管理信息化环境下,企业会利用计算机网络系统,采用更加先进的方法和手段分析投资项目的财务可行性,为企业制定投资决策提供科学、准确的信息支持。

3. 筹资决策

为了满足企业的资金需求,需要进行筹资活动,集中资金。在财务管理信息化环境下,筹资决策的核心内容是确定企业的资本结构,选择恰当的筹资方式,此外还负责明确企业资金需求量、长期负债比例规划等。

4. 股利分配

股利分配实质上是筹资活动的延伸。企业在获取利润后,会根据股利分配原则将一定股利发放给股东,其余利润会继续使用在企业投资活动中。

5. 经营决策

经营决策囊括了企业日常生产、经营活动中的各种决策。传统手工操作中,财务部门与其他部门之间的信息联系较少,缺乏有效沟通,财务部门也很少会参与到企业的生产、经营决策中。而在财务管理信息化环境下,企业财务部门能够与其他部门取得有效的信息交流,使财务决策与生产、经营决策实现有效协作,共同完成企业战略决策。如在制定采购计划时,会根据企业成本规划控制现金支出。

二、局部财务管理信息化的实现策略

局部财务管理信息化主要面对临时性、偶然性的财务管理需求,或独立的财务需求,多采用灵活的方法和手段,但缺乏系统性。因此,在局部财务管理信息化应用中,财务管理信息化主要通过计算机网络平台,面向决策需求制作决策模型,快速生成决策所需的辅助决策结果。

(一)通过软件工具构建财务管理模型

1. 数据获取

在这一模式下,由于缺乏覆盖企业范围的网络平台和数据库技术的支持,财务决策与控制所需的基础数据并没有独立地存在,而需要依赖于其他信息系统提供,在局部应用阶段,数据获取的主要方式如下。在局部财务管理信息化应用中,由于财务管理信息化仅局限于财务部门,没有构建覆盖整个企业范围的数据库和网络平台,因此财务决策与财务控制所需的各项基础数据都要从其他信息系统中获取,获取方式主要通过手工录入、查询导出、数据库导出和通过软件工具获取外部数据等四种方式。其中,手工录入、查询导出以及数据库导出都是一次性获取数据的方式,而通过工具软件获取外部数据的方式是一种动态获取数据的方式,但应用难度比较大,使用者需要熟练掌握 SQL 语句,并且能够识别会计信息系统的数据库结构。

2. 软件工具的选择

在局部财务管理信息化的应用过程中,财务管理活动主要依赖于 Excel 等专用软件来执行。这些软件不仅提供了丰富的计算和分析方法,能够处理简单的计算任务,还可以承担数据统计、分析、预测等职责,并具备线性规划、单变量求解、数据透视等功能。除了强大的数据处理能力,这些软件还为决策模型的构建提供了平台。在财务管理领域,多数决策模型以图表形式呈现,因此,应用于局部财务管理信息化的软件都具备出色的图形制作功能和制表功能,有助于决策模型的构建。除此之外,软件还需要具备一定的数据获取功能,能在一定程度上获取支持决策的信息基础数据。实际上,在财务管理信息化初期阶段,获取有效的决策支持数据是影响决策效果的关键因素。尽管软件具备一定的数据获取功能,可以获取不同层面的相关数据,但其数据存储功能和管理功能相对较弱。由于决策过程的特点,管理信息化系统相较于会计信息系统具有更强大的交互能力,能够了解用户的决策需求,动态获取支持决策的数据,最终产生科学的决策结果。因此,在局部财务管理信息化应用中,以 Excel 为代表的软件是实现简单财务决策和财务分析的优秀工具。

3. 构建模型

上面我们提到,Excel 具有强大的数据处理功能和简单、方便的操作界面,是局部财务管理信息化应用中构建财务决策模型的常用软件工具之一。通过 Excel 构建财务管理决策模型主要有五个步骤。下面作简单概括介绍。

步骤一,根据财务管理理论构建决策所需的数学模型,数学模型是构建财务决策模型的关键环节。

步骤二,确定数学模型中的参数、参数的来源及获取参数的途径。通过 Excel 获取参数的途径有三种:手工录入、外部数据导入和外部数据直接获取。对于少量零散的数据可以直接通过手工录入的方式获取;批量数据可以通过财务软件将数据转化为中间数据状态,再通过 Excel 软件的"外部数据导入"功能将数据导入软件,或者通过 Excel 的"建立查询"功能,构造 SQL 语句直接获取外部数据。

步骤三,设计决策模型表格。在 Excel 中,决策过程与决策结果通常以表格的形式表现,设计的表格要能清晰、直观地反映数据计算的过程,既便于理解又能反复多次利用。在常用的决策模型中,通常会用两个或多个表格分开表达决策参数和决策结果,并且设置一定保护措施保护公式单元和计算结果单元,避免数据模型被破坏,同时设计良好的展示界面方便使用者更好地理解决策过程和决策结果。

步骤四,定义公式。Excel具有强大的计算功能,提供了丰富的运算函数。在定义公式时可以充分、灵活地使用这些函数,使公式更加容易理解。

步骤五,计算并以直观的形式表达。使用 Excel 建立的决策模型通常以图表的形式分析数据、表达计算结果,因此使用图表(如直方图、饼图、折线图、散点图等)展示复杂决策模型的分析结果或计算结果是必需的环境。

4. 模型调用

执行制作好的模型并生成计算结果,或者为模型编制目录和调用界面,方便反复使用和执行。

(二)通过二次开发技术实现部分财务管理功能信息化

随着用户需求的多元化、复杂化发展,软件的功能可能无法完全满足用户的需求,因此需要对原软件进行补充、开发、改进或取消某些功能,使其能够满足用户的需求,这个过程就是二次开发。合理利用企业已有的财务软件,通过二次开发可以增加满足企业需求的功能。

1. 二次开发的条件

进行二次开发,首先要考虑是否具备二次开发的条件及二次开发的技术可行性。一般来讲,对软件进行二次开发需要具备一定的开发条件或具备二次开发的技术可行性。通常可以进行二次开发的软件需要具备五个条件。第一,拥有标准的数据接口,标准数据接口可以与其他系统连接共享各种数据;第二,具备能够提供中间层部件的较为先进的开发工具;第三,具有较强的可执行性,能够支持多种数据库,可以在多种操作环境下使用多种数据库的数据;第四,具有较强的灵活性,可以进行多种自定义操作;第五,具有开放的基本数据结构,用户可以从数据库中直接读取数据。

2. 二次开发的实现策略

利用报表软件也可以实现二次开发。目前,借助财务软件提供的报表系统进行二次开发被认为是一种相对简便的二次开发方式。一款优秀的报表软件既能提供强大的财务报表定义能力,也具备二次开发的数据接口,用户可以通过这个接口编辑简单的命令和程序代码。借助报表软件实现的二次开发能够与会计信息系统实现更为优化的整合,能够直接获取所需的基础数据。然而,报表软件的二次开发能力有限,难以满足企业多样化的财务管理需求。

利用工具软件实现二次开发。微软公司为其 Office 软件开发了一种编程工具 VBA,在处理复杂的财务管理工作中被广泛应用。VBA 的软件风格和方法类似于 VisualBasic,采用面向对象的编程技术,能够提供可视化编程环境,有助于用户实现简单的程序开发。

通过会计信息系统提供的二次开发平台实现二次开发。随着科技的进步,会计软件的功能日益强大和完善,能够满足企业更多的个性化需求,有越来越多的信息系统提供了二次开发的平台,如金蝶 K/3BOS 商业操作系统。这款操作系统是金蝶 ERP 解决方案的技术基础,能够迅速完成业务单据、报表、业务逻辑的制作,并能通过一系列一体化设计满足企业多样化、个性化需求。

3. 二次开发的实现步骤

步骤一,了解企业在数据综合利用方面的各种需求,明确二次开发的功能。步骤二,原软件的技术分析,充分了解原软件的工作原理、数据结构、技术参数等。步骤三,结构设计,包括数据接口设计、功能设计、数据处理流程设计、数据存储设计、显示设计、输出设计等。步骤四,编制程序,满足企业的个性化需求。步骤五,系统测试,对开发程序的稳定性和正确性等进行验证,及时发现系统漏洞及与原软件的连接问题。步骤六,系统的运行与日常维护,保障系统安全、稳定地运行。

三、局部财务管理信息化应用模式评价

在企业财务管理信息化初级阶段,局部财务管理信息化应用具有较高的推广和应用价值,以其灵活性和易移植性受到欢迎。局部财务管理信息化可以通过工具软件或二次开发等方式实现,适应财务管理、财务决策和财务分析等活动特点,技术要求相对较低。特别是在缺乏信息系统统一规划的情况下,它能克服财务管理信息系统的功能缺陷,满足企业个性化需求,具有实用价值。在企业财务管理信息化初期,财务决策与财务分析投入较低,决策模型易于移植。然而,从长期角度看,局部财务管理信息化应用存在一定局限性。

首先,缺乏统一数据平台,决策缺乏系统性。财务决策需要大量数据支持,现行的会计系统由于没有统一数据平台和前期规划,增加了数据获取难度,采集的数据对决策支持力度不足。调用决策模型时,数据获取通常采用手工或半手工方式,降低了数据可靠性。此外,决策模型运行孤立,限制了决策行为的系统性。

其次,缺乏财务控制功能。决策与控制是财务管理的核心内容,局部财务

管理信息化应用缺乏有效的财务控制,无法形成完整的财务管理体系。财务控制职能的实现需要系统化、程序化的财务管理信息系统,而通过工具软件或二次开发实现的局部财务管理信息化应用无法满足财务控制职能的客观需求。综上所述,局部财务管理信息化应用适用于企业财务管理信息化初级阶段,可应对临时性、偶然性的财务决策,作为缺少完整财务管理信息系统的权宜之策。

第二节 整体财务管理信息化应用

一、整体财务管理信息化应用的主要内容

整体财务管理信息化是面向全企业的,通过计算机和网络平台实现企业财务决策、财务控制、业务处理等活动的信息化处理过程。整体财务管理信息化阶段的财务管理已经突破了财务部门的局限,并深入企业生产、经营的各环节中,具体表现在实现财务分析与风险的预警,现金、预算、成本的控制与管理,企业财务绩效的评价方面。

(一)财务分析与风险预警

在整体财务管理信息化阶段,财务分析由单纯的财务报表分析转化为综合财务信息、业务信息等多元化信息的综合性财务分析与评价。风险预警是信息化环境下财务管理的重要内容。根据企业生产、经营指标分析企业财务风险、经营风险、管理风险等,实现提前预警、有效规避。

(二)现金管理与控制

企业的现金不仅包括现款,还包括银行存款、银行本票与汇票、电子货币等,是企业拥有的现款和流通票据的总和。现金的流动性较强,可以立即实现购买、偿还债务等活动。同时,现金在企业资产中也是收益性最低的资产,存有过量现金会降低企业收益。因此,现金管理的核心内容就是使企业存有最佳现金量,在资产流动性与盈利中寻找最佳平衡点。

在整体财务管理阶段,可以通过企业资源计划来规划企业生产、经营活动,从而能够比较精确地预测出未来一段时间的现金流量,并与企业预算、生产支持等业务活动联系起来。除此之外,随着网上银行、电子货币的出现,通过财务管理信息化加强对企业现金的管理将成为企业必然的选择。

编制现金预算、控制现金收支、现金持有量决策、网上结算管理等都是企

业的现金管理的主要内容。其中,合理编制现金预算是企业现金管理的核心内容。

(三)预算控制及管理

预算不仅是企业决策的具体化,也是财务管理信息系统控制企业生产、经营活动的依据,是企业计划工作的成果。预算在财务管理活动中是联系财务决策与财务控制的桥梁。在传统财务管理中,预算常常仅被用于控制成本支出,而在财务管理信息化中,预算是调控企业资源使其取得最佳生产效率和获利率的有效方法之一,预算管理也因此受到更多关注。

科学的预算是财务管理信息化的一项重要内容,科学合理的预算是决策结果的反映。决策要落实为高效的执行过程必须通过一定的计划,而计划则通过预算得以体现。并且,预算是财务控制的参照体系,预算能够及时纠正决策执行中产生的偏差,确保决策目标的准确实现。根据预算期的长短,预算可分为长期预算和短期预算;根据预算内容又可分为销售预算、现金预算、费用预算、生产预算、采购预算等。

(四)成本控制与管理

在现代企业管理中,成本控制是提升企业利润与竞争力的重要途径。成本控制是以成本为控制手段实现对企业生产、经营活动有效控制的过程。信息化环境为企业成本控制提供了更多的实现途径和新的内涵。企业与上下游企业之间通过信息网络能够及时地交换信息和数据,网上交易和网上结算极大地提高了物流效率和存货周转率,从而降低了企业的采购成本和存货量。同时,通过 JIT 生产管理和车间管理能够有效地控制企业生产环境,降低企业的生产成本。此外,网上营销和线上客户管理等也大大地降低了销售支出,降低了销售成本。信息化环境使成本控制与管理不再局限于单一的制造成本的管理和成本核算,形成了基于信息化平台的深入企业生产、经营活动各环节的成本控制与管理。

(五)企业财务绩效评价

信息化环境下,企业绩效的合理评价如果仍靠单纯的财务度量方式显然无法取得良好效果。现代企业财务绩效评价既包括员工、供应商、技术、创新能力的评价,也包括企业未来价值的预测。在财务管理信息系统中,通过平衡计分卡等工具可将组织的目标、目标值、指标等与行动方案进行有机整合,确保企业战略的有效执行。

二、整体财务管理信息化的运行框架

整体财务管理信息化应用阶段,为了能够更好地支持企业的综合性决策与控制,支持企业系统化,需要切实地实现财务管理信息化,因此建立完整的财务管理信息化系统势在必行。

(一)业务处理

采购—支付、生产—转换、销售—收款等是企业典型的业务过程。业务活动产生的基础数据会储存在业务处理系统中的业务数据库中。在传统的业务处理系统中,业务处理仅包含业务数据的采集和记录两项内容,更侧重于系统的时效性和可靠性。而在完整的财务管理信息化框架内,采用了更加智能化的设备,业务处理系统中也增加了更多业务控制功能,除了能采集和记录业务数据,还能及时矫正和控制业务信息以实现实时控制。

(二)存储数据和信息

数据仓库是一种用于决策管理的关系型数据库管理系统,以数据库和网络技术发展为基础设计而成。数据仓库的存储量非常庞大,并具备自动更新、删除数据等功能,能够满足决策制定和事务处理系统的各项需求。数据仓库技术是财务管理信息化的技术基础,是财务管理信息系统不可缺少的重要部分。

在完整的财务管理信息系统中,数据是支持企业财务管理和决策制定的重要依据,并不是像在局部财务管理信息化应用中的数据那样,以一种孤立的、原始数据的形态呈现,而是在经过高度抽象化后转化为元数据,是企业管理层制定决策、实现财务管理的重要依据。数据的高度抽象是实现财务管理系统信息化的基础,这也是整体财务管理信息化应用与局部应用的最大区别,整体财务管理信息化应用必须建立支持财务管理决策的数据库管理系统。

(三)财务管理信息系统

在财务管理信息化的全面应用中,财务管理工具需具备高效的数据收集功能、决策模型构建功能、优秀的交互功能、提供决策支持的功能以及控制功能。企业各项财务决策的制定都需要准确、科学的数据作为支撑,这些数据需要从大量的信息中筛选、整理、归纳、计算和处理,以便为决策提供有力的数据支持。因此,强大的数据获取功能成为此阶段财务管理工具必须具备的功能之一。财务管理工具应支持各类统计方法和调用方法,具备强大的决策模型构建功能,并允许用户自定义计算方法,使系统能够迅速、及时地生成用户所需的数据。虽然财务管理系统不能取代企业管理层制定决策,但通过财务管理工具的先进功能,可以为企业管理层提供科学、可靠的决策依据,并接收决策者的反馈信息。控制功能也是财务管理工具的关键功能,通过各种指标和预算实现对业务处理过程的全程控制。此外,优秀的交互功能以及友好的用户界面也是财务管理工具必须具备的,以便用户能够方便、快捷地操作工具构建或调用决策模型。

三、整体财务管理信息化的实现策略

相比于局部财务管理信息化应用阶段,在整体财务管理信息化应用中,财务管理信息系统的构架发生了明显变化。首先,完善的信息化平台成为财务管理信息系统运行的核心,而不是在局部应用中的通过工具软件独立于其他系统之外的。信息化平台主要包括财务管理信息系统、数据库管理系统以及业务处理系统,为企业财务管理活动提供系统性支持。其次,实现了决策与控制的统一。在整体财务管理信息化应用阶段,财务决策已不再是偶然性决策,而是已经体现到执行层面,是要落到实处并确保执行过程中不偏离既定目标。因此,整体财务管理信息化应用的实现与信息系统的实施过程较为相似,主要包括以下十个关键环节。

(一)确定系统目标和系统规模

财务管理信息化的实现是一个复杂的过程,在构建财务管理系统前需要明确信息系统实施的目的,即通过系统想要解决的主要问题。系统规模的确定要根据企业想要实现的管理目标确定。最后根据确定的系统规模估算管理目标的可行性、成本效益等。

(二)实施策略与方案的编制

实施方案的制定要基于确定的管理目标和系统规模,列出具体的规划、实施方案与步骤、实施进度、实施机构、阶段性任务、经费预算等。实施方案应充分与用户进行交流,了解用户需求,考虑企业的实际情况作为实施方案的编制基础。切忌盲目追求不切实际的目标,应以保障实施策略和方案的成功率为前提。

(三)调查与需求分析

财务管理信息系统的实施需要在充分了解用户业务流程与需求的基础上

进行,因此调查用户业务流程,确定用户需求,掌握旧系统中存在的问题和不足也是系统实施的重要环节。用户调查可以采用实地考察、问卷调查、直接走访等方式。

(四)选择实现方案

对用户而言,在财务管理整体化运行阶段,可供选择的实现方案主要有两种:开发和外购。自行开发或委托第三方开发虽然都能够满足企业的需求,但由于开发成本过高而很少采用。随着商品化软件向模块化、多样化发展,软件灵活性得到进一步提高,一些软件已允许用户自定义流程、单据、信息处理模式等。因此,选择良好的商品化软件平台,并在此基础上进行改造,成为实现财务管理信息化的较好选择。

(五)业务流程的优化与重组

根据软件具备的功能和用户的需求优化、调整企业现有的业务流程,规划不同处理环节的功能、数据处理的特点、权限及职责。并针对一些特殊的环节,可以根据用户的需求改造软件功能。

(六)不同层次的用户培训

培训是用户理念与计算机管理模型相融合的过程,可以在时间上贯穿实施的整个过程。这样的做法既可以降低培训的成本,提高系统实施的效率,同时也能促进用户的学习兴趣,激发用户的主动性。按照培训对象的不同,可以分为初级培训、中层培训和高层培训三种。

初级培训主要针对软件操作人员,培训内容为软件操作和各项功能的实现,以及与软件相关的计算机常识,使相关人员能够处理简单的故障。

中层培训主要针对系统维护人员和各部门骨干,培训内容为软件的工作原理、结构以及系统的工作流程。中层培训倾向于系统维护、安全管理、数据库管理系统、规划控制等方面。

高层培训主要针对部门经理和管理层,培训内容为软件的功能及管理方案。高层培训是初级培训和中层培训的引申,侧重于软件管理思想的深入体会,使人工与计算机系统实现最优结合。

(七)初始数据的整理

初始数据的整理主要包括各项初始数据与初始参数的确定,如编码规则、参数设置、原始数据的来源、提供者及提供方式以及核算方法、数据处理过程、初始数据准确性与完整性的验证等,通过整理初始数据,可以避免在系统实施的过程中出现数据错误或遗漏的情况,控制系统实施的风险。

(八)系统试运行

系统试运行的主要目的是发现系统中存在的问题和不足之处,并非正确性验证。试运行需要在模拟企业实际运行环境下进行,用户输入实际数据考察系统的处理流程,考察系统能否满足企业需求和系统处理业务的效率,及时对方案进行修改和验证。

(九)软件的安装、调试与初始化

该阶段的作业难度相对比较低,但是工作量比较大,需要实施人员严格按照处理流程操作,避免产生意外,一旦发现系统中存在任何隐患,应及时进行弥补和调整。

(十)系统运行与信息反馈

系统日常运行的管理与维护。在实际工作环境下验证系统的性能,记录系统运行的效果并及时反馈,制定系统改进方案。

四、整体财务管理信息化应用模式评价

从系统实施的角度来看,在企业信息化初期,整体财务管理信息化应用是很难实现的,需要花费较高的成本以及合理的规划。而从技术层面来看,财务管理信息化需要数据仓库的技术支持。但相对于局部财务管理信息化应用而言,整体的应用具有系统性支持企业决策的巨大优势,决策结果能够转化为可控的预算信息和指标,并能落实到实际的业务处理过程中,极大地提高了会计信息的相关性和可靠性。

第三节 集团企业财务管理信息化应用

随着全球经济整合的不断深化,大型企业的角色日益突出。可以说,这些企业的竞争已经成为各国经济实力的体现。从我国大型企业目前的状况来看,管理水平滞后和财务管理水平不高的问题仍然存在。大型企业的发展离不开高水平的财务管理,实施财务管理信息化是推动企业财务管理发展的关键途径,也是大型企业财务管理的必然选择。大型企业是现代企业的一种高级组织形式,通过资产、技术、产品等将多个企业联合在一个或几个大型企业的周围,形成的一个稳定的多层次经济组织。根据内部联结纽带的不同,可以将大型企业大致划分为股权型、财团型、契约型等;根据内部机构设置的不同,可以将大型企业划分为依附型和独立型。

一、集团企业财务管理

集团企业财务活动主要有四个层次,分别是母公司层、子公司层、关联公司层和协作公司层。其中,母公司层和子公司层的财务活动是集团企业财务管理活动的主要内容。相比于独立企业,集团企业的财务管理内容更加复杂,难度更高。

(一)集团企业产权管理

1. 产权关系

集团企业财务管理的核心内容就是母子公司投资管理关系。从内部产权关系看,母公司具有控制、监督子公司经营活动的权利,以此确保母公司投入资本的安全性,并能根据股东权益获取相应收益,保证子公司的经营目标与母公司总体战略目标的一致性。

2. 产权结构

产权结构是形成企业母子公司关系的纽带,在设置产权结构时要充分考虑母公司与子公司的关系。母公司以集团企业的战略目标与发展规划为出发点,将持有的有形资产、无形资产、债权资产等向子公司投资,形成产权关系,并依法对子公司的经营活动进行约束和控制,进行间接管理。子公司获得母公司的投资后,仍然独立经营,实现母公司的资产经营目标。在设置产权结构时,母公司应积极引导子公司寻求多元化的投资,形成多元化的产权结构。

（二）集团企业融资管理

资本融通和资本管理是集团企业融资管理的主要内容。其中,资本融通是十分必要的,能够实现资本的互助互济和互惠互利。资本融通包括三种基本方式:外部资本融通、内部资本融通和产融结合化。选择恰当的资本融通方式,做好集团企业资金的全过程管理、统一管理和重点管理。

（三）集团企业投资管理

在企业运营过程中,母公司会将其有形资产、无形资产、债权资产等投入到子公司中,成为子公司的股东,并根据股权比例行使相应的所有权职能。子公司作为这些资产的实际拥有者,享有资产的占有权和使用权,并承担公司债务的有限责任。从资产管理的角度来看,母公司对资产具有一定的约束力,并能进行间接管理。尽管子公司是资产的实际拥有者,但它不能完全脱离母公司的产权约束,实现完全的独立经营。因此,母公司与子公司之间资产关系的协调是实现双方利益的关键。在明确了母子公司投资管理关系的基础上,集团企业能够对子公司的资产进行有效管理。集团企业会从投资机会、投资方向、投资规模和投资项目四个方面进行投资决策。

（四）集团企业内部转移价格管理

成员企业在集团企业内部转让中间产品的价格就是内部转移价格。制定转移价格是内部转移价格管理的关键。在制定转移价格时要在确保集团企业利益的前提下做到公平、公正、合理。

（五）集团企业收益分配管理

集团企业收益分配要注意两个主要方面:一是集团企业与国家利益间的利益分配;二是集团企业核心层与紧密层的利益分配。

（六）集团企业财务监控

1. 人员监控

集团企业可以通过对子公司财务人员的管理实现对子公司财务活动的监控,通过集中管理或双重管理制度实现集团企业内部财务人员的垂直管理。

2. 制度监控

根据集团企业的经营管理需求和自主理财的需要,可以补充制定内部财务管理制度和会计管理制度,进一步规范集团企业内部不同层次企业的财务管理工作。

3. 审计监控

通过内部审计的方式可以增强对集团企业内部财务监督的力度。审计监督工作要有完整健全的审计机构,明确审计监督的重点和要点。

二、集团企业财务管理信息化

(一)集团企业财务管理信息化的概念

集团企业财务管理信息化即现代信息技术在集团企业财务管理中的应用。在集团企业中,财务管理部门运用现代信息技术将集团企业的各项管理流程进行整合,并快速、准确地将充分的信息提供给集团企业的各层管理者,同时,还能通过对财务管理信息的分析与加工对集团企业财务活动进行有效的控制、分析和评价,从整体上提高集团企业的财务管理水平。

(二)集团企业财务管理信息化的作用

在集团企业实行财务管理信息化的作用主要体现在四个方面。

首先,财务管理信息化能够极大地提高集团企业管理数据处理的速度和效率,有效提高管理数据的准确性。

其次,财务管理信息化能够提高集团企业财务管理的质量和水平,现代信息技术的应用使繁杂的财务管理工作简化、快捷,减轻了财务管理工作人员的工作负担和劳动强度。

再次,财务与管理信息化能够增强集团企业的管理能力、控制能力以及应对风险的能力。财务管理信息化能够转变传统财务管理事后分析、事后管理的情况,做到实时监控,提高了集团企业的决策水平。

最后,与时俱进的财务管理理念能够促进集团企业管理层理念和观念的更新,推动集团企业在财务管理方式、财务管理理论上的创新和发展,从而推动集团企业财务管理水平的不断提高。

(三)集团企业财务管理信息化的内容

集团企业财务管理信息化涉及的范围广,内容多。一方面,集团企业财务管理工作包括资金管理、全面预算、合并报表等方面。另一方面,集团企业财务管理主要有财务总部、子公司财务总部、子公司核算部门等多个层次。集团企业财务管理信息化的内容可以归纳为四个主要方面:第一,通过现代信息技术建立、健全、管理和维护集团企业财务管理信息系统；第二，加强对集团企业财务管理信息资源的综合开发，优化资源配置与利用；第三，转换集团企业财务管理模式和业务流程，对集团企业财务管理工作的各流程进行整合与集成；第四，加强财务管理信息化人才的培养。

(四)集团企业财务管理信息化的方法

1.树立集团企业绩效管理的核心思想

集团企业财务管理信息化可以建立一个以企业绩效为核心的财务管理体系，并提供一套切实可行的衡量企业绩效的方法和工具，建立一个快速的、可持续的、健康成长的集团企业财务管理体系。

2.建立符合集团企业财务管理信息化的应用架构

一个良好的集团企业财务管理信息化应用架构要面向集团企业所有财务管理人员并对集团企业的财务进行全面管理。通过该应用架构实现集团企业由会计核算型财务管理转变为经营决策型财务管理，实现集团层面的财务管理、预算管理、资金管理的统一。

3.建立统一、规范的财务核算体系

统一、规范、严格的财务核算体系是集团企业财务管理的基础。集团企业的成员企业大多为跨地区或跨国经营，统一的财务核算体系能够在业务处理现场及时地提供系统响应，同时集团内部也可以获取业务处理现场的实时信息。

4.建立账务集中管理平台

建立一个财务集中管理平台是集团企业财务管理信息化的必然要求。账务集中管理平台的建立要充分考虑到集团企业管理的复杂程度，能够良好地把握财务管理的集权与分权的"度"，对子公司企业的财务制度进行统一管理，并实现集团企业账务数据的合并。

5.实施全面预算管理

实施全面预算管理是实现集团企业内部资源优化配置、优化财务管理工作流程的重要手段。建立一套标准的全面预算指标体系和控制体系，通过实施新会计准则完善集团企业的内部控制和业务流程，实现集团企业内部资源的优化配置，从而达到全面提升集团企业管理绩效的目的。

6.制订资金管理解决方案，支持多种资金管理模式

建立集团企业资金集中管理平台和制订资金管理方案，支持资金管理账

户分散、收支两条线、账户集中等多种资金管理模式,对集团企业资金进行统筹调控,提高资金利用效益,从而达到提高集团企业总体效益的目标。

7. 建立集中报表平台

在集团企业中,不同层级对信息数据的需求也不同。及时、准确地为不同层级提供相应的信息数据是集团企业财务管理的基本要求。其中,集团总部需要总揽全局,对集团企业的经营管理进行实时监控,这就需要一个能够获取各部门数据的集中报表平台,并能根据各部门提供的数据编制符合会计准则的报告以供集团企业总部决策使用。

8. 制订、实施决策支持方案

随着集团企业的壮大、业务的发展,使得集团企业的财务业务数据几何级增长。如何充分利用现有数据发挥集团企业的竞争力、制定科学的决策是当前大多数集团企业正在面临的问题。这就需要制定能够充分挖掘,利用财务、供应链等提供系统数据的决策支持方案,帮助管理层从海量的数据中提取有价值的数据信息。

第四节　价值链级财务管理信息化应用

一、价值链级财务管理信息化的主要内容

在 1985 年,美国哈佛商学院的迈克尔·波特在他的作品《竞争优势》中引入了价值链这一概念。在他看来,设计、制造、运营、交付等是所有企业都会经历的过程,企业就是这些过程以及辅助产品或服务的各种相互独立的活动集合。这些相互关联的能够创造价值的活动构成了企业的价值链,并贯穿于企业生产、经营活动的各个环节,从原材料采购到产品销售。后来,波特进一步提出了分析价值链的方法,将企业活动拆分为若干部分,通过考察各部分本身以及部分之间的关系,衡量企业的竞争优势。他强调,价值链并非孤立存在,而是存在于由企业价值链、供应商价值链、渠道价值链、买方价值链等共同构成的价值链系统中。企业的价值链是动态的,能够反映企业的发展历程、战略以及实施战略的方法。

随着产业分工的不断深化,企业内部不同类型的价值创造活动逐渐演变为多个上下游关系的企业活动,共同创造价值。生产特定产品或围绕某种特色产品需求形成的互为基础和依赖的链条关系,构成了产业链。这里所提到的价值链是基于产业链的价值链。基于价值链的财务管理主要涵盖价值链成

本控制、财务协同和财务决策等内容。

（一）价值链成本控制

上下游企业之间通过协同活动控制成本，从而提高价值链的竞争优势，获取超额利润，这是价值链的核心所在。所以，成本控制是价值链上各企业关注的重点。不同于单个企业的成本控制，价值链成本控制是通过供应链的合理控制与规划实现的，以此降低价值链上企业的采购成本，进而降低价值链的成本。

（二）价值链财务协同

价值链财务协同是指价值链上各企业间相互交换财务信息并通过网络财务平台实现线上支付。

（三）价值链财务决策

价值链财务决策的主体和决策目标与单体企业和集团企业不同，价值链上的企业仍然可以按照个体价值最大化制定决策，但在执行决策时需要考虑到其他企业的反应，所以价值链财务决策属于博弈性决策。

二、价值链级财务管理信息化的实现策略

根据价值链的特点，价值链财务管理信息化的实现策略呈现为有核心企业主导和无核心企业主导两种形式。

（一）有核心企业主导的价值链财务管理

通常会由核心企业确定价值链财务管理模型并构建财务管理平台，加入价值链的其他企业也必须接受核心企业制订财务管理标准并进行交易活动。比如，某产品的销售代理企业，可以登录该产品的生产企业的财务信息化平台进行产品的订购、结算和销售。

（二）无核心企业主导的价值链财务管理

当价值链上没有企业处于支配地位时会实行无核心企业主导的价值链财务管理模式。这种模式的实现需要较高的信息化程度和良好的信息化运行环境，如推行数据与信息的交换标准、接口标准等。价值链上的企业都按照制定的标准处理、交换信息和数据，或者通过第三方提供的财务管理平台进行财务管理活动。

第七章　新形势下财务管理信息化的发展规划

第一节　财务管理与新信息技术

一、财务管理和大数据

如果问信息化时代是从何时开启的,大数据应当算作一个重要的起点。笔者对大数据的理解是从两本书开始的。一本是维克托·迈克-舍恩伯格和肯尼思·库克耶的《大数据时代》,这本书将人们带入了一场思维革命中,很多观念的颠覆都是它带来的;另一本是涂子沛的《大数据:正在到来的数据革命》,这本书通过讲述美国半个多世纪的信息开放、技术创新的历史,从另一个角度点燃了人们对大数据的社会化认知的热情。

时至今日,当我们再说起大数据的时候,每个人或多或少都有一些认识,而在各行各业的商业活动中,大数据也成为重要的支持工具。尽管如此,这么多年以来,财务工作者以运用数字为看家本领,对大数据的认知却未必深刻,对大数据技术的实践也有不足。重新认识大数据、挖掘财务在其中的应用场景仍然是一件重要且紧迫的事情。下面从什么是大数据、大数据的 4V 特征、对大数据理解的误区、大数据在财务领域的应用、实现大数据财务应用的条件基础五个方面来论述财务管理和大数据的内容。

(一)什么是大数据

大数据(Big Data)是指无法在一定时间范围内用常规软件工具进行捕捉、管理和处理的数据集合,是需要新处理模式才能具有更强的决策力、洞察发现力和流程优化能力的海量、高增长率和多样化的信息资产。

但是谈大数据,单讲理论概念是没有意义的,笔者更喜欢《大数据时代》一书中对大数据的理解。在这本书中,作者提出了在思维上大数据带来的"更大""更杂"两个理念。下面谈一谈笔者自身对更大、更杂这两个理念的理解。

"更大"想说明大数据不是随机样本,而是全体数据。这个说起来还是比较容易理解的。由于早期的计算机处理能力并不富足,在这种情况下,也没有条件去进行大数据量的运算,很多时候只能通过抽样的方式来进行选择性处理,并通过样本来推断总体情况。虽然统计学的发展为抽样模式提供了支持,但大家都知道,当有条件的时候,直接进行总体分析显然是好于样本推断的。因此,大数据在技术条件具备后,第一时间选择使用总体替代了样本。

"更杂"讲的不是精确性而是混杂性。这句话理解起来稍有点复杂。什么叫作精确?什么又叫作混杂呢?实际上,这里所说的"精确"重点针对结构化数据。什么叫作结构化数据?我们最常用的 Excel 的二维表,就是典型的结构化数据,而非结构化数据就是这里所说的混杂,比如一张随手拍摄的手机图片是非结构化数据,一段网络新闻也是非结构化数据。那么,财务最常接触的那些原始凭证又是什么呢?这件事情不能一概而论,要看那些原始凭证能否使用一定的结构规则来表达。比如增值税发票,它的每个位置都是有固定含义的,可以把它转换为二维数据,从这个意义上讲,可以将它理解为结构化的;而合同大多是非结构化的。精确的结构化数据在所有数据中所占的比例是很小的,而大量的数据都是非结构化的,如果无法处理非结构化数据,大数据的"大"就无从谈起。

"大数据关注的并非因果关系,而是相关关系",这一点可能最难理解,但在整个大数据的概念中却极其重要。

(二) 大数据的 4V 特征

高德纳分析员道格·莱尼指出了数据增长的三个方向的挑战和机遇:量(Volume),即数据多少;速(Velocity),即资料输入、输出的速度;类(Variety),即多样性。在此基础上,IBM 提出大数据的 4V 特征:数量(Volume)、多样性(Variety)、速度(Velocity)和真实性(Veracity)。

这几个特征和我们前面谈到的更大、更杂和更好有相通之处。

数量(Volume),和更大的含义相似。随着互联网、移动互联网、物联网的发展,每时每刻都在产生着大量的数据,当这些数据能够被利用起来后,其价值是不可限量的。而大量的数据要得到使用,一方面,要解决数据从分散到集中的问题;另一方面,要解决数据的共享安全、道德伦理问题。前者是一个技术问题,而后者是一个社会问题。如果数据失去了安全和道德的约束,衍生出来的社会问题将是一场灾难。相信很多人每天都会接到大量的骚扰电话,这就是数据安全和道德造成的问题。

多样性(Variety),这和我们前面所说的更杂是相匹配的。大数据就像一个不挑食的孩子,你给它什么,它都开心笑纳。这和人类自身的学习认知模式有点相似。想象一下,我们在认识世界的时候,往往是有什么就吸纳什么,数字、图像、声音、视频，无所不及。因此，从这点来看，大数据的多样性，为机器向人类学习提供了很好的技术基础。如果机器的学习仅仅局限于结构化数据，那么相信这样的人工智能孩子即使长大变得聪明，也一定会是一个人格不健全的孩子。

速度(Velocity)，这个概念在上一小节中没有提到，姑且把它称为"更快"，这样就比较容易理解了。如果数据处理等上十年八载才有结果，那么很多时候出来的结果已经没有决策意义了。举个简单的例子，淘宝购物时的商品推送就是基于大数据技术进行的，如果运算速度很慢，估计从用户登录进去到离开都还不知道该推送什么商品，大数据就没有了意义。所以，速度快是让大数据产生商业价值非常核心的一点。从这一点来看，可以说云计算给大数据提供了很好的技术支持，当云计算技术得以广泛运用后，算力变得廉价且富足，计算速度变得足够快，这样我们才有条件将大数据技术低成本地运用到更加丰富的业务场景中。

真实性(Veracity)，这里特别要注意的是，我们追求真实性，而不是精确性。在我们关注相关性的时候，往往能够得到更加真实的信息。在传统的数据技术中，由于我们对数据的精确性要求过于苛刻，这使得如果没有高质量的数据清洗，产出结果的可用性就将大打折扣。很多时候，我们说垃圾进、垃圾出就是这样的问题所导致的。而大数据技术从降低精确性要求的逆向思维出发，用另一种方式解决了这个问题，通过降低精确性要求，变相提升了数据质量。借用科幻思维，这是一种"降维"策略的实践。谈到这里，我们从理念和理论两个层次加深了对大数据的理解，当我们对这些特性理解透彻后，才能够更好地去思考其在财务领域的应用场景。

(三) 财务对大数据理解的误区

我们先从财务对大数据理解和应用的误区谈起。只有明白正在发生怎样的误读误用，才有机会更好地发现新的、有价值的大数据应用场景。

但不得不说，更大的问题在于，大多数企业的财务实际上都尚未开始思考和实践财务大数据，因此根本无从谈起错误。不过，还是有一些勇于第一个吃螃蟹的企业在实践，无论对错，总是留下了一些宝贵的经验，能够帮助我们更好地思考提升。笔者总结出三点财务对大数据理解的误区。

1. 将传统财务分析强行定义为大数据

这一点是最常见的误区。一些企业财务在接触到大数据这个概念后异常兴奋，感觉突然间得到了整个世界的青睐和认可，原来财务的数据分析工作竟然如此重要。一夜之间，各种喜报接踵而至，似乎企业内的财务分析人员全部都成了大数据专家,而我们从事了几十年的财务分析工作转瞬间成了大数据应用的典范。

这是一个典型的"概念炒作型"认知误区的案例。如上文所提及的,大数据的四个重要特征和传统的财务分析工作显然是不同的,传统的财务分析更多的是在有限的结构化数据基础上基于因果关系的分析。如果把原来在做的工作简单地强行定义为大数据,只能说大家对大数据的理解还是严重不够的。当然,这里也不乏一些企业在进行迎合型的过度炒作。

2. 认为使用 Hadoop 等大数据技术架构就是实现了大数据应用

与什么都不做,直接翻牌成为大数据模式的企业相比,这里所谈到的情况还是有一些进步的。同样受制于对大数据认知的不足,一些企业财务在接收到大数据这个概念后,开始有所动作,但在认知上,他们认为大数据是一个纯粹的技术问题,以为只要使用了大数据的技术架构,将原先的财务数据和业务处理进行技术迁移就实现了大数据应用。

如果深刻理解了前面所谈的大数据的概念和特点,相信读者应该很容易明白这样的误解的严重性。就如同英语是一种工具,并不是说把中文的家常对话用英文复述一遍就能够成为文学作品,Hadoop 等技术架构仅仅是工具,它们能够帮助你在找到大数据的应用场景后,更好地实现这些场景,而不是创造场景。

3. 认为靠现有财务管理模式下的数据就可以做大数据

还有一些企业财务对大数据的数据基础估计不足,不少人认为,只要能够把现有的财务数据,比如会计核算数据、预算数据、经营分析数据、管理会计数据充分利用起来就能够实现大数据应用。

当然,如果财务要走上大数据的道路,这些现有的数据是非常重要的,也应当被优先充分利用起来。但是必须意识到,这些数据基本上还是以结构化数据为主,并且局限在企业内部。如果想充分发挥大数据的优势,获得超出其他企业的竞争优势,就不应当局限于此,而应当充分纳入企业内部的非结构化数据,以及社会化数据,通过更为广义的数据基础来进行财务数据应用,从而实现预期的价值产出。

（四）大数据在财务上的应用

在谈了财务在大数据技术应用方面可能存在的一些误区后,我们来进一步探究大数据在财务领域到底有哪些应用场景,相信这也是大家最关心的内容。在谈应用场景的时候,为了避免出现认知误区,请大家务必再次回顾大数据的 4V 特征。在这里,我们从风险管控、预算预测和资源配置、决策支持三个方面的场景来探讨大数据在财务领域应用的问题。

1. 依靠大数据提升财务的风险管控能力

首先,大数据在风险管理方面相较于传统风险管理模式具有更高的应用价值,这种价值体现在能够发现传统风险管理模式下难以观察到的风险。实际上,在金融业务领域,已有大量利用大数据进行风险管理的案例。那么在财务领域,我们应如何运用大数据进行风险管理呢?通过设定规则以辅助进行直接和精确的风险拦截,这是人工智能的专长。我们期望利用大数据实现对一些虽模糊但具有控制价值的风险的发现,以及能够进行财务风险分级。

在风险发现方面,大数据通过整合非结构化数据并进行相关性分析,能够揭示一些风险事件的可能特征,并根据这些特征进行潜在风险线索的事前预警或事后警示。在这种应用场景下,大数据并不需要告诉我们谁一定存在问题,只需提示谁可能存在问题即可。而这种提示本身并无必然的因果关系,仅仅是大数据进行相关性分析的结果。

另一种应用是各类风险事项的分级。这些风险事项可能包括一份报销单据或一次信用评价。只要分析对象需要进行风险分析,都可以考虑运用大数据技术。分级后的风险事项能够采用不同程度的应对策略,从而实现高风险事项的严格控制和低风险事项的低成本应对处理。

2. 依靠大数据提升预算中的预测和资源配置能力

第二个场景是预算管理。对于预算来说,在其管理循环中非常重要的两件事情是根据历史和现状,综合企业自身、行业和竞争对手三个维度,对未来进行预测以及对资源进行有效的投放。而恰恰大数据可以在预测和资源配置这两个方面发挥其自身优势,带来传统预算管理难以实现的应用价值。

首先,是预测的提升。传统的财务预测主要是利用结构化数据,构建预测模型,对未来的财务结果进行预测。而使用大数据技术,预测的数据基础可以扩大到非结构化数据,市场上的新闻、事件、评论等都可以成为预算预测的数据基础。特别是在引入大数据后,预测模型中的假设很可能发生意想不到的变化,这使得预算预测具有更高的可用性。

其次,是资源配置的优化。在传统模式下,编制预算进行资源配置时,很多时候是财务在听业务部门讲故事,资源投向受到讲故事水平的影响。而大数据的出现,能够让财务人员有可能形成一定的判断能力。如基于大数据能够形成相关产品市场热点、竞争对手的动态分析,将这些分析结果与产品部门的故事进行印证,对于是否该继续加大产品投入或者是否该改变产品的设计方向都有可能形成不一样的判断和结论。

3. 依靠大数据提升经营分析的决策支持能力

第三个场景是大数据在经营分析方面的应用。经营分析的核心在于设定目标,进行管理目标的考核,并对考核结果展开深度分析,以帮助业务部门进一步优化经营行为,获得更好的绩效结果。在这样的一个循环中,数据贯穿其中并发挥着重要的价值。

传统的经营分析模式同样面临数据量不足、依赖结构化数据、关注因果关系等问题。大数据技术有助于提高经营分析的决策支持能力。

首先,在传统方式下主要是通过分析自身历史数据、行业数据以及竞争对手数据,再结合自身战略来设定目标的。因此,目标是否合理在很大程度上依赖于参照系数据的可用性。大数据能够帮助企业更好地认清自身情况,更加客观地看清行业情况和竞争态势。特别是后两者,在传统模式下数据依赖于信息获取渠道,而大数据将整个社会、商业环境都转化为企业的竞情分析基础。在这种情况下,目标的设定将更为客观、合理。

而在事后对目标达成情况的解读上,和传统财务模式相比,大数据基于其对相关性而不止于因果关系的挖掘,能够找到更多靠传统财务思维无法解读到的目标结果相关动因。而针对这些新发现的动因的管理,有可能帮助业务部门获得更加有效的决策建议。

(五)财务管理实现大数据应用的条件基础

说完了财务管理的应用场景,最后还要特别说明,财务管理要实现以上大数据应用还需要设法构建相应的条件基础。

1. 技术基础

虽然我们再三强调,大数据并不仅仅是技术的事情,但不得不承认,没有技术是万万不行的。对于大数据来说,传统的技术架构是无法支撑的,最新出炉的《大数据生态地图 3.0 版本》和 2012 年 FirstMark 资本的 Matt Turck 绘制的《大数据生态地图 2.0 版本》相比,大数据的生态环境有着突飞猛进的进步。虽然 Hadoop 已经确立了其作为大数据生态系统基石的地位,但市场上依然有不少 Hadoop 的竞争者和替代品,一些新的产品热点也在不断涌现。

2. 人力基础

大数据的应用,在技术背后还增加了对人力的新的需求。一方面,需要更多高端的数据分析师;另一方面,也加大了对基础数据处理人力投入的需求。高端数据分析师既可以通过鼓励现有的财务分析人员提升转型获得,也需要进行有针对性的人才招募。而在基础人力方面,数据工厂将被提上议程,基于财务共享服务模式的数据中心可能是解决日常数据管理的核心力量。

讲到这里,财务和大数据的事情基本上说完了。大数据和财务的结合将具有承上启下的重要意义,面对过去,能够更好地解决现有财务的挑战;面向未来,能够为人工智能和机器学习奠定基础。

二、财务管理和云计算

在讨论信息化时代改变财务管理的核心技术时,我们必须提及云计算这一关键概念。在信息技术领域中,云计算就如同电力系统,为其他技术的应用提供了充足的算力支持。

那么,如何从财务的角度去理解云计算呢? 实际上,大家感到困惑的主要原因是云计算并非一个简单的概念,其存在多种形态。而市场上的许多厂商的产品往往只针对其中一两个领域,因此,这些厂商在宣传云计算时,往往会从自身产品的角度出发,将公众对概念的理解引导至对自身有利的方向。这就导致了大家所看到和听到的云计算各不相同,从而对理解这个概念造成了困扰。

(一)云计算的立体架构

各大厂商对云计算的谈论,概括起来主要包括 SaaS、PaaS、IaaS 这三个概念。笔者在参加 Oracle 云计算峰会的时候听到了一个用火锅来比喻云计算架构的例子,能够将这些概念融合起来理解。

1. 什么是云计算

SaaS 是软件即服务,PaaS 是平台即服务,IaaS 是基础设施即服务。如果把这三个概念比作一个火锅,IaaS 是云架构下技术上的硬件,比如网络、服务器等物理架构,它是火锅的锅底,有了这个作为支撑,整个火锅才能涮起来;PaaS 是云架构下的开发平台、数据库平台等,是火锅中的食材,有了这些食材,才能做出佳肴;而 SaaS 是提供给客户在云架构下使用的软件应用,比如业务人员直接操作的 Oracle 系统,它是最终成品的火锅佳肴,将被送到客户的嘴里。虽然这个比喻没有那么完美,但大体上能把这件事情说明白。

因此,当你听到"云计算"这个词的时候,需要问一个问题:我听到的云计算是哪一种模式,到底是火锅的锅底、食材还是佳肴? 不同的概念模式其背后的含义是大不相同的。

那么,我们如何定义"云计算"呢? 美国国家标准与技术研究院(NIST)的定义是:云计算是一种按使用量付费的模式,这种模式提供可用的、便捷的、按需的网络访问,进入可配置的计算资源共享池(资源包括网络、服务器、存储、应用软件、服务),这些资源能够被快速提供,只需投入很少的管理工作,或与服务供应商进行很少的交互。

2. 财务和云计算的关系

上面谈到的三个概念 IaaS、PaaS、SaaS 实际上构成了一个云计算的立体架构。如果抛开其中的任何两个,并不影响剩下的那个概念独立构成云计算。此外,笔者还看到有另一种基于人员形态的云计算模式,不妨称之为 HRaaS(人力资源即服务)。下面我们分别来看看财务与这四个概念有怎样的关系。

(1) IaaS 和财务

如果仅采用基础设施即服务(IaaS)的云计算模式,前台的财务人员将难以察觉。因为这是一个与物理架构相关的概念,我们可能仍在使用与原先本地部署的软件系统相同的系统服务,只是这些软件系统不再部署在企业专属的服务器上,而是位于如电信云、阿里云或腾讯云等公共基础设施平台上。这种模式有助于降低企业对硬件的投资成本,同时,由于硬件采用了云集群的方式,集群内的系统算力得以均衡利用,从而有可能进一步提高系统性能。国内某家大型建筑企业便选择在电信云上搭建其财务系统,利用此模式为数十万企业员工的财务应用提供支持。

(2) PaaS 和财务

如果使用的是 PaaS 模式,财务人员同样感受不到什么,但开发人员就不一样了,他们使用的不再是本地开发工具和公司内部的数据库,而是在一个租用的云端开发平台上。这件事情并不难理解,如果你在阿里云上注册了一个账号,那么就能够看到阿里云中可以付费使用的开发工具,甚至可以部署机器学习的开发环境。这种模式对于规模不大的企业来说,特别是没有资金搭建大型复杂开发环境的公司,使用平台的成本就低多了,而且还能随时使用最新的平台技术。在 PaaS 模式下,开发平台成为即租即用的服务。

(3) SaaS 和财务

与财务人员最密切相关的是 SaaS 模式。"软件即服务"是直译过来的说法,听起来有点复杂。通俗点说,就是财务的应用系统并没有建在企业里,而是放在互联网上的云平台中。用户访问财务系统,就如同访问百度网页一样,从公司内部穿透到互联网上的某个系统里。而特别要注意的是,这个互联网上的财务系统并不是我们独享的,很多企业和我们共用这个财务系统,只是在权限和数据上做了隔离。说到这里,我们恍然大悟,搞了半天这火锅是店里的所有人一起涮。安全吗? 卫生吗? 这是进一步要考虑的问题。

（4）HRaaS 和财务

HRaaS,笔者把它称作人力资源即服务。其实,也可以理解为财务共享服务的意识。云计算有五个特征:资源池、按需自助服务、快速伸缩、广泛的网络访问和按使用量收费。对照这五个特征,共享服务中心把人做成资源池:业务部门提单就是按需自助服务;业务多了加班,少了培训调休,这是快速伸缩;各地分支机构向财务共享服务中心寻求集中服务,这就是广泛的网络访问;最后按件计价,这就是按使用量收费。五个特征统统匹配。因此,不少财务共享服务中心把自己称为云服务中心,从这个意义上理解,还是有一定道理的。

（二）财务实现与云计算的场景融合

对于企业财务来说,要实现云计算在财务管理中的应用就需要挖掘相关的应用场景。我们可以看到三种场景的应用,包括采用 IaaS 模式构建财务系统架构、使用基于 SaaS 模式的财务应用系统和以 SaaS 或 HRaaS 模式提供对外服务,下面我们分别来看一看如何实现这些场景的融合。

1. 财务系统架构于 IaaS 模式

在大型企业中,如果使用本地部署模式来构建信息系统架构,会使得 IT 架构越来越"重",信息化成本逐年提升,从基础架构到开发、维护,每个环节都有大量的成本投入。对于国内进入世界 500 强的大部分企业来说,每年都会发生高昂的财务信息化开支。而财务本身作为这些系统的重要业务应用者,是这些成本的直接承担者,并最终会通过定价收费或者分摊的方式将这些成本再进一步转嫁给服务对象。而在服务对象对收费越来越敏感的今天,控制成本、降低定价成为很多企业财务共同的压力。

将财务系统架构于 IaaS 模式之上,能够以较低的成本来实现基础架构的部署,能够以"轻"IT 的方式来实现财务信息系统的建设。

2. 使用基于 SaaS 模式的财务应用系统

SaaS 是在云计算中最容易被理解也最常被应用的一种模式,我们财务人更是 SaaS 模式的直接使用者。在这种模式下,财务并不构建自己企业内的独有财务信息系统,而是选择租用第三方云服务产品。这种第三方产品的提供商需要对财务业务流程有深刻的理解,能够在产品设计时充分考虑到不同企业的差异化需求,并通过灵活的后台管理功能来实现快速配置部署。企业财务选择此类云服务产品的前提是,企业在整体的信息化战略和信息安全评估上能够通过。

目前国内的一些产品厂商也在尝试推出云服务模式的软件产品,但服务对象还是以中小型企业为主。

3. 财务以 SaaS 或 HRaaS 模式提供对外服务

一些公司的财务部门会尝试将内部积累的管理经验转化为对外服务能力。这种能力输出有两种形式。一种形式是将管理经验转化为系统产品，并向社会提供服务输出。在这种情况下，输出方可以考虑采用软件即服务（SaaS）的方式架构产品，让用户通过租用的方式使用产品，从而分享输出方所积累的管理经验。另一种形式是财务共享服务中心对外输出，也可理解为财务外包。在这种情况下，提供的是基于人力资源即服务（HRaaS）模式的对外服务。我国内地代理记账市场正向这种模式发展，一些具有前瞻性的代理记账服务商已经在使用共享服务的管理模式，为众多中小企业提供服务。但需要注意的是，云服务产品的开发本身具有很高的复杂性和成本。由于云服务系统需要满足用户的多样化需求，对其产品设计的可配置性和灵活性要求非常高。在技术上，要满足大规模开发的需求，对产品性能也有较高的要求。同时，云服务产品还需要满足多操作系统、多浏览器兼容的需求，如果涉及移动端，对差异化移动平台的兼容则更加复杂。这些因素都将增加产品研发的成本。公司在考虑使用云计算提供 SaaS 模式系统服务时，需要考虑未来的规模和发展能力，如果无法在经营上实现良好的投入产出比，应谨慎投资云服务产品。

（三）财务云计算在中国的落地挑战

我们来看看财务云计算在国内落地的情况。

1. 为什么 Oracle 和 SAP 要在中国寻找云计算合作商

关注这两个厂商动态的朋友大概会知道：在中国的云服务，SAP 选择了阿里云，Oracle 则选择了和腾讯合作，挺有意思的组合。而实际上，这两家公司在海外都是自己建立云计算中心的，那么为什么在中国一定要选择服务商呢？监管是关键。比如监管要求财务数据需存在境内服务器上，如果使用海外的服务器提供云服务，就会与监管政策相矛盾。而选择与阿里、腾讯合作，在某种意义上是进行了监管政策风险的规避。当然，另一个问题是带宽，大家都一窝蜂奔着海外跑数据，那就得面临数据堵车的问题了。

2. 财务数据放在云平台上安全吗

如果是 HR、销售之类的云服务，总体来说还不会有那么大的信息安全顾虑。但在中国，要把企业所有的财务数据都放到公有云上，则会引发不小的担忧。如果是小公司，财务数据还好说。但是大公司不同，一旦数据泄露给竞争对手,就会导致灾难性的商业后果。而如果是上市公司出现数据泄露,后果就更严重了。当然,这更多的是心理上的问题。对于 Oracle、SAP 以及其合作的腾讯、阿里来说,相信还是有实力去保障数据安全的。当然,企业要真的勇敢迈出这一步,必须以完善的内部管理制度和安全性评估为基础。

3. 行业风险不一样,大家都在观望

最后还要说说不同行业对财务领域应用云计算模式的风险考虑。笔者认为,行业间对风险的担忧程度是不一样的。金融行业的顾虑最多,主要是因为金融行业存在大量的监管,很容易被监管机构质疑信息和数据安全问题。对于国有企业来说,还要考虑去 IOE 的要求,在这个背景下,谁也不知道会不会出现去"外资云服务"。所以这个故事是这样的,金融业的遇到高科技行业的,金融财务人说:"咱们金融行业用云计算风险高啊,至少要有个高科技巨头敢这么用,做个示范,才能说明够安全啊。"而高科技人对金融财务人说:"要是金融行业有个巨头敢吃螃蟹做个试点,估计咱们就都不怕了。"看,大家就是这么纠结的。

尽管云计算存在诸多形态,在国内的落地也有诸多顾虑,但不得不说,其本身是信息化的重要基础。方向和趋势是明确的,问题在于如何切实解决走向目标过程中遇到的问题。

三、财务管理和人工智能:财务如何踏上机器学习与人工智能之路

在信息化时代,财务管理与技术的结合中最重要的一环就是人工智能。在这里,我们要从技术的角度来看一看,财务如何走上机器学习与人工智能之路。

(一)从一些重要的基础概念说起

首先,我们需要搞清楚几个概念,比如机器学习与人工智能是什么关系,机器通常怎样进行学习,算法是什么概念,机器学习又有哪些算法等。只有建立起这些概念后,才有可能进一步搞明白,为什么人工智能可以在财务管理中发挥作用并创造价值。

1. 机器学习与人工智能的关系

之所以要谈机器学习与人工智能的关系,是因为在现阶段,机器学习是人工智能的一个非常重要的分支。如果在谈人工智能时没有清晰地理解机器学习这个概念,那么要么会理解不了后面很多的应用场景,要么会出现理解偏

差。机器学习是 IBM 科学家亚瑟·塞缪尔提出的,并将其定义为"可以提供计算机能力而无须显式编程的研究领域"。听起来很拗口吧,大家常常会搞不清楚机器学习到底在学什么。

2. 机器学习解决问题的两类算法:监督学习与无监督学习

在机器学习领域,我们常听到"监督学习"和"无监督学习"这两个词汇。那么,它们究竟是什么呢? 实际上,只要阅读过一些关于机器学习的书籍,你就会遇到这两个关键概念,以及"半监督学习"和"深度学习"等概念。当然,财务专业人士并不需要深入研究这些概念。之前提到,"算法"是机器学习用来解决问题的方法,而学习过程就是对算法进行优化和改进的过程。接下来,我们将了解这两个概念,并探讨它们分别适用于解决哪些问题。

首先,不要从字面上将"监督学习"理解为妈妈看着孩子做作业的那种监督。对于计算机来说,监督学习的含义是我们给计算机一堆题目进行练习,这些题目是清晰的,即具有"特征"。同时,最重要的是要给出这些题目的答案,即"标签"。在这种情况下,计算机通过做这些题目,不断学习以优化解题方法,即"算法"。经过充分训练后,当遇到一个没有答案的题目时,计算机可以给出正确答案,从而达到我们的目的。

因此,监督学习的本质是提供训练题的答案,而不是站在旁边用教鞭指导。需要注意的是,在监督学习下,算法是预先设定并存在的,可以根据不同类型的问题选择适当的算法。对于计算机来说,学习是对算法进行训练的过程,而不是创造算法的过程。训练后的算法的执行结果需要进行测试,并根据测试结果的满意程度进一步修正算法。因此,我们可以看到,监督学习实际上非常适合解决需要预测答案的问题。

当掌握了这两个概念后,就可以更加深入地理解机器学习的下一个问题了,让我们一起来看看机器学习在监督学习和无监督学习下有哪些常用算法。

3. 机器学习在监督学习和无监督学习下的常用算法

根据我们在上一个话题中所说的,无论是监督学习还是无监督学习都有其相应的算法。在监督学习下,我们可以训练、测试算法;而在无监督学习下,由于不存在目标"标签",就不用训练算法,只需要测试算法。需要注意的是,在这两种情况下算法都是可以改进的。

监督模型适合解决预测目标值的问题,就是给出一个题目,让它来算答案。而非监督模型适合解决分类的问题,就是给出一个题目,让它把这个题目放到合适的框里。因此,两个大类别下的细分算法是有差异的。

监督学习的常用算法有 K-邻近算法、线性回归、局部加权线性回归、朴素贝叶斯算法、支持向量机、Ridge 回归、决策树、Lasso 最小回归系数估计等。

无监督学习的常用算法有 K–均值、最大期望值算法、DBSCAN、Parzen 窗设计等。看不懂没关系,这本来就不是财务人必须搞明白的事情,关键在于能够和科技部门有对话语言。

(二) 国内财务的人工智能应用大致在什么水平

在财务领域,许多人对"智慧财务"的概念产生了浓厚兴趣。那么,提出这些概念的公司是否真正实现了人工智能呢? 国内财务人工智能应用的实际情况又是怎样的呢? 接下来,我们将对此进行探讨。笔者认为,并非任意一家国内公司都有能力涉足人工智能财务领域。众所周知,人工智能的技术基础是大数据。当数据量不足时,机器学习便无从谈起。原因很简单,缺乏足够多的训练题目。那么,哪些公司有可能达到这一要求呢?

一个直观的判断方法是观察财务共享服务中心的人数。在笔者看来,目前国内拥有 500 人以上规模的财务共享服务中心具备实施人工智能的能力和条件。一方面,这些中心的数据量足够大;另一方面,人工智能能够带来显著的经济效益。否则,如果人数较少,依靠人工处理也不是什么困难的事情,何必投入大量资金发展人工智能呢? 接下来,让我们一起探讨国内企业在人工智能应用方面的具体情况。

1. 大多数企业还在互联网和移动互联时代徘徊

国内大多数企业的财务还根本到不了谈人工智能的时候,更多的是在互联网和移动互联网阶段徘徊。我们看到现在国内做费用控制产品厂商的生意还是如火如荼,就知道大多数企业的温饱需求还没有完全满足。当然,一些刚刚解决温饱问题的企业已经在进一步考虑使用移动应用来进一步提升其网络财务的友好性和便利性。

2. 部分企业在大数据方面有所实践和应用

部分企业在人工智能的前置技术环节大数据上有所实践和应用。可以说,从某种意义上这些企业为进一步迈入人工智能做了准备。当然,有条件做这件事情的企业并不是很多,因为至少要有支持大数据的技术架构。这些企业大数据的主要应用场景也聚焦在经营分析、管理会计、全面预算等方面,这些应用场景和后面要谈到的人工智能还是有差异的。

3. 少数企业已实现基于人工经验规则的初级人工智能应用

庆幸的是,少数企业已经走上了人工智能之路的初级阶段。如果套用上面机器学习的例子,笔者在这里定义的初级阶段可以理解为:老师已经把解题的准确方法告诉了机器,并且也不用机器去学习优化,题目来了,机器就拿着那些特征去套内置的方法,如果套进去有与预期一致的结果,就通过审核;如果套不进去,或者结果与预期不一致,就简单粗暴地统统甩给人工处理。这种模式,我们称之为基于人工经验规则的初级人工智能应用。

可能有朋友问,这都没有机器学习,怎么能算人工智能啊？说实话,能做到这一点已经比市场上鼓吹所谓"智慧财务"的做得好多了。如果规则足够丰富,就能够相当显著地节约人力成本。笔者认为,在未来的一两年内,这可能是国内主流的"财务准人工智能"解决方案。

当然,梦想还是要有的,基于机器学习的人工智能财务应用场景也会在不久的将来由某些大公司来实现。而在全球范围内,这种应用实践已经不乏先例。

(三)财务应用机器学习的人工智能场景

基于前面的话题,我们再来看看财务基于机器学习能够实现哪些人工智能应用场景。

1.基于机器学习的信息化共享作业

在前面谈到的基于人工经验规则进行处理的准人工智能应用阶段,受益最大的就是各类财务共享服务中心。由于机器能够实现对传统人力的替代,使得人均产能得以大幅提升。但在这种模式下,最大的难题是对经验规则的梳理。财务人员在作业时,虽然是基于相对标准化的作业手册的,但要把作业手册上的内容翻译为机器可以理解的规则难度就大了。因此,采用这种模式到了一定阶段后,就会遇到瓶颈,提升自动化率就会比较困难。

在机器学习模式下,计算机可以通过完成大量带有人工判断结果"标签"任务的训练来优化现有的规则,通过机器学习补充更多靠人难以解读的规则,同时也可以结合大量的外部数据进行辅助学习。比如通过对市场上经常开具假发票案例的学习,补充原本的逻辑难以解读的假发票黑名单供应商规则。通过机器学习,现有的规则作业能够在真正意义上转变为信息化作业,并实现对产能的进一步释放和提升。

2.基于经验规则的信息化会计与机器学习的信息化报告

同样,基于经验规则,我们在很多企业的业财衔接中都能够看到会计引擎的存在,即基于会计准则的规则化来实现自动的会计作业处理。那么这种场景是否也可以引入机器学习呢？当然可以,机器学习确实能够完善现有的规则库。但会计作业和审核作业还有所不同,其本身就是建立在高度标准化的规则基础上的,我们可能要评估一下,进一步依靠人的经验来拆解规则、深化应用与机器学习的模式相比,谁会更有效率?从笔者的判断来看,可能会是前者。

但另一种相关应用场景信息化报告,则有所不同。在笔者看来,信息化报告的应用逻辑和新闻出版、投资研究领域的信息化编辑应用更为相似。报告中的固化结构可以用规则来形成,但报告中讲故事的部分不妨使用机器学习的方式,通过大量"报告特征——市场反应"的训练题来让机器学会编写满足投资人口味的报告。

3.基于机器学习的信息化风险控制

另一个重要的机器学习应用领域是信息化风险控制。实际上,信息化风险控制在财务以往的领域早已有更为广泛的应用,如在防范欺诈的领域有非常多的成功案例。对于财务来说,可以使用同样的逻辑来进行信息化风控。在这种模式下,通过机器学习,计算机能够不断地完善算法,从而对所有进入财务流程的单据进行风险分级,并针对不同的风险等级设置相匹配的业务流程。同时,基于监督学习、无监督学习的各种算法去发现风险线索。在信息化风控模式下,我们希望计算机能够更加精准地帮助命中疑似风险案件,并非绝对拦截。

4.基于机器学习的其他信息化财务管理场景

最后,还要说明的是,上面三种场景更多的是从偏重财务运营流程和操作风险的角度,去谈机器学习下的智能财务应用场景的。实际上,在非运营的财务业务中,同样可以找到非常多的可能应用场景,如基于机器学习的经营分析、基于机器学习的资源配置等。这里不进行细说,相信在理解了基本概念后,你有能力展开独立思考,并发掘更多的应用场景。

四、财务管理和区块链

谈到信息化时代影响财务的新信息技术,就不得不说一说区块链的概念了。在大数据、云计算、人工智能和区块链这几个概念中,就数区块链这个概念最难讲清楚,应用场景也最难预测。说到底,财务人员不是搞技术的,要弄明白这件事情,还是得把复杂的事情往简单里说才可以。当明白区块链是什么之后,再来谈财务的应用就会容易一些。

我们首先简单地谈一下区块链的家世背景。区块链的概念在中本聪的论文《比特币:一种点对点的电子现金系统》中首次被提出,而比特币的技术架构就是基于区块链的思路构建的。因此,区块链从出生开始就有了比特币的烙印。

从技术角度来说,区块链确实有其独到的价值,并且也有可能带来基于特定场景能够改变社会生活方式的应用。所以,深入了解区块链还是有必要的。

(一)微信接龙小饭团与区块链

借用一个关于微信接龙和区块链的创意故事,来帮助读者理解区块链。

在谈到区块链概念的时候,经常会提到它是一种公共记账机制,或者分布式记账。但具体理解起来,还是有很大难度的。而"微信接龙"恰好能很好地诠释这个概念。

在某公司,中午有个小饭团,大家中午可以向管理员报名,然后管理员根据人数安排午餐。在早期的时候,大家都是通过发送邮件向饭团管理员来报名的,这种报名方式可以理解为管理员就是一个处于中心位置的账本,每个人发送邮件报名都是一个记账的过程。那么这种记账方式存在怎样的问题呢?首先,作为中央的账本,饭团管理员不能休息,不能出错,更不能把账本搞丢了;否则,中午这顿饭大家就谁都不要吃了。其次,记账的结果是饭团管理员说了算,有着绝对的优势,万一双方不一致打起官司,账只有一本,往往以记账结果为准。最后,各报名人之间的信息是隔离的,也就是说,除了饭团管理员,其他人都不知道还有谁在账本上记账要吃饭。当然,对于一个饭局来说,这些可能都算不得什么,但如果涉及资金处理、权益分配之类的大事,问题的弊端就显而易见了。后来,这个饭团做了一个升级,饭团管理员觉得自己这个中心位置干得不容易,每天辛苦不说,出了问题责任重大,要是能找到一个法子让群众自我管理就比较好了。因此,一种基于微信接龙的新饭团报名方式出现了。

1. 链式结构

区块链是基于链式结构运转的,其名字里就有一个"链"字。在上面报名的例子里,对于先前的做法,实际上记账的过程有点像是填空式的,每个人报名都在账本上占一个位置,并没有一个强烈的先后关系或者链式关系。而在微信接龙模式下,第二个人报名的时候,一定是链接在第一个人报名之后的,编码顺序也从"1"变为"1+2"的模式。这就强制性地构建了一个链式结构。

2. 共识机制

在微信接龙的方式下,饭团管理员一开始就设定了规矩:回复内容=上一回复内容+下一序号+自己的名字。对于这个规则,群里所有人达成共识,大家都会自觉地按照这个规则来进行报名。当然,一旦有人填写错误,那么错误的这条记录就会被大家默认为失效,立刻会有人按照正确的规则来填补空位。而如果出现重复占一个序列号的情况,由于服务器上的时间先后是客观的,那么就会以群里先发出来的作为有效信息,后发出来的信息做失效处理。这样一套共识机制,与区块链的原理也是暗合的。

3. 去中心化

区块链有一个很重要的特征,叫作去中心化。在没有使用接龙时,报名方式是以饭团管理员为中心的,他是整个饭团记账体系的核心。但采用微信接龙的方式后,整个报名过程没有一个人能够站在中心位置来掌控或修改、屏蔽信息。

4. 点对点对等网络

在微信接龙模式下,我们构建了一个由各参与者共同组成的点对点的网络。在整个网络中,所有人是平等的,这大大加强了整个记账过程的安全性和公平性。

5. 分布式和高冗余

在原来的报名方式下,账本是唯一的,数据集中在饭团管理员这台服务器中。而在微信接龙模式下,微信群里的任何一个用户手上都有了一个账本,可以清晰地看到报名从 1 号开始直到结束的完整的记账过程。这就形成了分布式的概念。需要注意的是,由于被反复记账,因此造成了区块链的一个弊端——高冗余。但是对于重要的交易来说,这一点数据冗余的代价在当今大数据时代是可以被接受的。

6. 共享账簿

如刚才所谈到的,微信群里的用户每个人手上都有一个账簿,这个账簿是共享的,任何一个人都没有能力篡改它,除非能够同时修改所有人手上的账簿备份。

上面通过微信接龙的故事解释了区块链的特征,通过对这几个特征的总结、提炼,就不难理解区块链的定义了。

2017 年,董莉在《区块链:诗不在远方》一文中谈道:区块链是一种公共记账的机制,通过建立一组互联网上的公共账本,网络中所有用户共同在账本上记账与核账,来保证信息的真实性和不可篡改性。区块链存储数据的结构是由网络上一个个存储区块组成的链条,每个区块中包含了一定时间内网络中全部的信息交流数据。

(二)区块链与财务管理

理解了区块链的概念后,再来研究区块链和财务管理的关系。

尽管区块链给我们的直接感受是和财务大有联系,但在实践研究中,对区块链的应用更多地聚焦在金融领域。好在金融和企业财务管理也有紧密的交集部分,这使得区块链还是快速地进入了各 CFO 的视野。在这里,笔者基于自己的理解和预判,来分析区块链和财务管理之间可能的应用场景。

区块链最适合解决怎样的问题呢?从区块链的特征来看,涉及多方信任的场景是非常适合使用区块链来解决的。它的去中心化、点对点对等网络、共享账簿等特征都能够对多方交易进行增信,从而改变当前的业务模型。从这个角度来说,笔者认为可以从五个方面来设计区块链在财务领域的应用场景。

1. 跨境清结算

从目前国内的清结算交易来看,清结算面临的问题并不严重,反而是在跨境清结算交易的过程中面临较大的压力。在跨境付款过程中,非常重要甚至可以说绕不开的是 SWIFT 组织。它通过一套基于 SWIFT Code 的代码体系,将各个国家的银行构建为网络,并实现跨境的转账支付交易。对于这套体系来说,高昂的手续费和漫长的转账周期是其极大的痛点。而对于在整个交易过程中处于中心地位的 SWIFT 来说,改变自身的动力并不强。但区块链技术的出现为打破这种基于中心组织的清结算体制带来了可能。去中心化的区块链交易有可能使得全球用户能够基于更低的费用,以更快的速度完成跨境转账。实际上,很多银行和区块链创新组织已经在积极展开相关的技术尝试,这也驱动 SWIFT 不得不做出自我改变,并在 2016 年年初启动实施基于区块链技术的全新的技术路线图。

2. 信息化合约

在涉及多方信任的场景中,信息化合约是一个重要元素。虽然合约本身并不是财务概念,而是企业之间进行商贸活动的契约,但在区块链技术的支持下,合约的可信度得到了显著提升。基于电子数据完成的合约签订和承载,使得合约背后的财务执行更多地考虑自动化处理。

那么,信息化合约的定义是什么呢?密码学家和数字货币研究者尼克·萨德将其定义为"一套以数字形式定义的承诺,包括合约参与方可以在其上执行这些承诺的协议"。简而言之,信息化合约的所有触发条件都可以用计算机代码编译,当条件被触发时,合约由系统而非一个中介组织自动执行。在没有区块链的情况下,信息化合约所依赖的中心系统很难获得合约双方的认可。然而,区块链的出现使得这一与互联网同步提出的设想成为可能。基于信息化合约自动触发的财务结算、会计核算等处理都将极大地简化财务处理,有力地支持信息化财务的实现。

3. 关联交易

在财务领域,关联交易的处理一直是困扰财务人员的一个难题。由于关联交易各方的账簿都是由各自的属主管理的,这就使得关联交易发生后各方账簿进行记账和核对的工作异常复杂。与有一个中心的账簿不同,在关联交易模式下没有中心,也没有区块链下可靠的安全记账机制,这就使得很多时候关联交易核对出现问题。一些大型企业也试图解决这样的问题,但在区块链出现之前,大家的探索方向是试图构建一个中心,让所有的关联交易方在这个中心完成交易登记,从而实现类似于银行清结算的对账机制。而区块链的出现,让我们可以探索另一条道路,既然无中心了,那么就更加彻底,通过区块链的去中心化特征和其可靠的安全机制来实现新的关联交易管理模式。

4. 业财一致性

另一个与关联交易有些类似的场景是长期困扰我们的业务财务一致性问题。如果说关联交易是法人与法人之间的交易,那么业务财务一致性要解决的就是业务账与财务账之间的关系。相比之下,构建一套业务财务区块链账簿体系更加复杂。由于在企业中各个业务系统在建设时往往都是以满足业务发展为基本出发点的,这就使得多数的业务系统根本没有考虑对财务核算的影响,也正是这一点导致当下不少大型企业中业务财务一致性成为难点。如果使用区块链技术来解决这一问题,就需要在业务系统和财务系统底层构建一套分布式账簿,并由此取代现在的业务财务会计引擎的模式。从将业务数据自行记录传输至会计引擎转换为会计分录进行记账的模式,转变为业务和财务双方平行账簿记账的模式。业务和财务都同步保留业务账和财务账,从根本上实现业务财务一致。当然,这个过程可能会造成海量的数据冗余,且技术实现也更为复杂。

5. 社会账簿和审计的消亡

最后要谈到的是一种终极场景:如果整个社会的商业行为完全都基于区块链展开,那么对于财务来说,就不会再是每个企业自行记账的模式了。每个企业都是区块链上的一个节点,企业与企业之间所发生的所有交易都通过区块链进行多账簿的链式记账,这就使得假账很难出现。而同时,高可靠性的全社会交易记载,对税务、财政等监管模式也会带来极大的影响,很可能发票也失去了其存在的价值。监管审计、第三方审计都可能失去其存在的必要性,并最终导致审计的消亡。

第二节　财务与科技的信息化结合

　　信息化时代的到来,带来了诸多新技术,而这些新技术在财务领域的应用场景也会日趋丰富。我们之前谈到了很多关于财务认知升级的话题,也谈到了在信息化时代影响财务信息化建设的重要技术。当技术和财务有机地融合在一起的时候,就会发生一些美妙的变化。智能时代财务信息化架构应运而生,既有传统财务信息化的醇美,也有未来时速下的性感。让我们一起来探究智能时代财务信息化架构。

一、软件架构与财务信息化功能架构

　　首先,我们一起来看一看什么是软件架构,以及财务信息化功能架构的蓝图是怎样的。

　　什么是软件架构,对于财务来说,软件架构这件事情听起来还是有点复杂的,说得通俗一点,就是要搞清楚,一个系统中有哪些构成部分,这些构成部分是怎样相互发生作用的。那么所谓的智能时代的财务信息化架构,就是要搞明白,和传统财务信息化架构相比,多了哪些构成部分,以及各部件之间相互作用的方式发生了怎样的变化。"有什么功能"可以称之为功能架构,功能加上交互关系后形成的架构可以称之为逻辑架构。而在实际的软件架构设计中,还有多个视角的架构理解,如开发架构、运行架构、物理架构、数据架构等。下面我们重点聊聊偏重于概念层次的功能架构。

二、财务信息化功能架构蓝图解析

　　下面我们针对财务信息化功能架构蓝图逐一展开解析。

(一)功能架构中的数据层

　　首先要说的是智能财务信息化架构下的数据层。和传统财务信息化架构相比,最重要的是数据的内涵发生了变化。在传统架构下,处理的主要是结构化数据,而在引入大数据技术后,结构化数据已经无法满足财务信息系统对数据的需求,非结构化数据被引入,并且成为非常重要的构成部分。

　　因此,在功能架构的数据层中,系统为结构化数据和非结构化数据同时提供相应的管理功能,从数据的采集管理、对接管理、存储管理等方面进行相应的功能支持。

(二)功能架构中的信息化引擎层

信息化引擎层是架构中的另一个重要层次。之所以叫作信息化引擎层，是希望在搭建信息化时代财务信息系统架构时，能够对关键的支持技术进行组件化，并以引擎的形式来支持不同业务场景的应用。引擎层是一个公用的技术平台，在不同的应用场景中，能够灵活地调用相关引擎来实现配套的业务应用，从而实现整个财务信息化架构底层技术工具的共享。在智能时代的财务信息化架构中，可抽象出的引擎主要包括以下六个方面。

1. 图像信息化识别引擎

图像信息化识别引擎主要用于广泛地开展图片信息的识别，一方面，能够支持对结构化数据的采集；另一方面，也能够支持对非结构化数据的信息提取。同时图像信息化识别引擎可以利用机器学习来提升自身的识别能力，从而扩大可应用的价值和场景。

2. 规则引擎

规则引擎作为初级人工智能应用，会在整个财务信息化中发挥重要的作用。通过灵活、可配置的规则定义，支持在财务流程中基于规则进行大量的判断、审核、分类等应用。规则引擎的完善，一方面，依赖于经验分析后的完善；另一方面，也将基于机器学习引擎来辅助规则完善。

3. 流程引擎

流程引擎无论在哪个时代都十分重要，好的流程引擎能够全面提升财务信息系统的水平。而在信息化时代，流程引擎的驱动仍然是规则引擎，而规则引擎又基于机器学习得以完善优化，并最终带来流程引擎功能的提升。

4. 大数据计算引擎

大数据计算引擎是相对独立的，基于大数据的技术架构，能够处理海量的包括结构化数据和非结构化数据的计算。大数据计算引擎的实现，能够使财务在大数据方面的应用场景得到真正的技术支持，而不是传统计算模式下的伪大数据。

5. 机器学习引擎

机器学习引擎应当能够实现监督学习和非监督学习，通过大量的不同业务场景的数据学习训练，形成相应的优化规则，并依托规则引擎作用于各种业务场景中。从这个意义上来讲，机器学习引擎有些像规则引擎的后台引擎。

6. 分布式账簿引擎

在区块链的应用中，我们需要在底层构建各种分布式账簿，并可以考虑采用引擎化的方法,使分布式账簿的构建过程更加标准化和可配置。当然,这需要区块链技术实现进一步的抽象,从技术概念转变为业务简易应用的概念。有了分布式账簿引擎,基于区块链的应用可以得到进一步的加速。

(三)功能架构中的业务应用层

业务应用层是最关键的一个层次。在业务应用层中,我们从财务业务模块和技术两个角度实现了场景功能的匹配,进而形成了相对清晰的智能时代财务信息化应用的功能场景蓝图。它可以作为致力于信息化时代技术深度应用的企业的思维导图,并据此进行规划和实践。接下来,我们将从财务业务模块的角度逐一进行说明。

1. 共享运营

对于共享运营来说,在信息化方面的应用场景是相对较多的,这也是由其作业运营的特点所决定的。信息技术的进步,本身对运营效率的提升就是最直接的。

共享运营场景与技术匹配。

(1)区块链:信息化合约和信息化核算;

(2)人工信息化:信息化图像识别、信息化审核、信息化风控、信息化清结算;

(3)大数据:运营分析;

(4)移动互联及物联网:财务众包、电子发票;

(5)传统技术:派工调度。

2. 资金/司库管理

在资金管理中与共享流程密切相关的部分已经被归入共享运营中体现,而针对资金管理和司库管理来说,主要的应用在于提升管理者基于大数据的对资金和司库管理的分析、决策能力。此外,物联网技术对于账户 Ukey、用印安全管理也将发挥重要的作用。

资金/司库管理场景与技术匹配。

(1)区块链:跨境交易;

(2)人工信息化:信息化资金调度;

(3)大数据:投资管理、风险管理、流动性管理、资产负债管理、资金预测;

(4)移动互联及物联网:账户管理(Ukey 和印章);

(5)传统技术:融资管理。

3. 会计报告

会计报告对新技术的应用主要集中在区块链对关联交易以及业财一致性

的支持上。同时,类似于信息化编辑,这样的场景可以应用于会计报告的信息化。而这个领域,也会引发对未来套装软件是否能够支持信息化应用的思考。

会计报告场景与技术匹配。

(1)区块链:关联交易、统一会计引擎;

(2)人工信息化:信息化报告;

(3)大数据:报表分析;

(4)移动互联及物联网:无;

(5)传统技术:总账,应收、应付等,合并报表。

4. 税务管理

税务管理在税务风险控制方面可以应用人工信息化技术来进行支持,在税负分析、税费预测等领域也可以考虑引入大数据,充分利用企业内外部数据来提高分析质量。此外,税务管理中所涉及的不少应用场景也会前置到其他业务或财务系统中。

税务管理场景与技术匹配。

(1)区块链:无;

(2)人工信息化:税务风险控制;

(3)大数据:税负分析、税费预测;

(4)移动互联及物联网:无;

(5)传统技术:增值税、所得税等分税种模块,税务检查,税务政策管理。

5. 成本费用管理

成本费用管理在费用分析方面可以考虑与大数据相结合,而在移动互联网方面,可以进行服务与商品采购的前置和线上管理,从而获得更好的管控效果。

成本费用管理场景与技术匹配。

(1)区块链:无;

(2)人工信息化:无;

(3)大数据:费用分析;

(4)移动互联及物联网:移动商旅、电商采购;

(5)传统技术:费用报销、项目管理。

6. 预算管理

预算管理的技术应用主要集中在大数据方面,通过大数据,加强对预算预测和资源配置的管理能力的提升。

预算管理场景与技术匹配。

（1）区块链：无；

（2）人工信息化：无；

（3）大数据：信息化预测、信息化资源配置（预算编制、调整）；

（4）移动互联及物联网：无；

（5）传统技术：预算控制。

7. 管理会计

管理会计本身在技术层面的起步就比较晚,因此它的实现仍然基于传统技术方式。但在管理会计报告的编制中,可以考虑采用信息化编辑模式,盈利分析可以考虑引入广义数据,增强分析的实用性。

管理会计场景与技术匹配。

（1）区块链：无；

（2）人工信息化：信息化管理会计报告；

（3）大数据：盈利分析；

（4）移动互联及物联网：无；

（5）传统技术：收入分成、成本分摊、作业成本。

8. 经营分析

在经营分析这个领域,大数据能够有较大的应用空间。通过数据范围的扩大、相关性分析的引入,经营分析能力能够得到提升。

经营分析场景与技术匹配。

（1）区块链：无；

（2）人工信息化：信息化经营报告；

（3）大数据：经营分析；

（4）移动互联及物联网：经营仪表盘；

（5）传统技术：绩效管理。

信息化时代财务信息化的功能架构是基于场景构建的。这里笔者所谈到的是一个概念性的设想,未来需要更多的企业付诸实践,对这个概念架构进行持续补充和完善。

第三节　加强信息化时代的财务管理人才培养

在前面的章节中,我们观察到,信息化时代对财务信息化的架构产生了显著的影响。在数据层面,非结构化数据逐渐取代了结构化数据;在技术层面,大数据技术、机器学习、分布式账簿等新技术引擎将在财务信息化中得到广泛应用。

在应用场景方面,一方面,传统的财务信息化应用场景将得到优化,形成更高效或实用的升级场景;另一方面,基于新技术的新应用场景将不断涌现。在这种背景下,财务部门、科技部门以及财务与科技部门之间的协同变得更为复杂,同时也更加重要。然而,我们必须面对的现实是,在信息化时代初期,许多财务部门和科技部门并未做好充分的准备,面对迅速发展的技术革新,常常感到应对乏力。因此,我们有必要共同探讨信息化时代可能给传统的财务与科技协同关系带来的挑战,以及如何构建新的机制来积极应对。

一、来自协同问题的挑战

(一)财务内部信息化协同面临的挑战

阵脚往往是从内部开始乱起的。在智能时代财务信息化建设中,财务部门自身就面临着巨大的协同挑战。下面我们从两个方面来探讨财务内部的协同挑战。

1. 信息化建设在财务部门之间是分散的

在许多企业中,财务信息化建设并未实现统一集中的管理。一般来说,财务信息化建设是由各个职能部门根据自身业务需求出发进行的。例如,负责会计报告的部门建立了核算系统,负责预算的部门建立了预算编制系统,负责资金管理的部门建立了资金管理系统等。在这种情况下,系统建设完成后,相关系统的后续运维和优化也被保留在相应的业务部门。从需求和系统建设的关联角度来看,这样的管理模式未必是坏事,但是当不同部门管理的财务系统需要整合、集成甚至内部平台化时,就会出现问题。部门间系统管理的分裂,成为系统间有效集成的障碍。在信息化时代,对数据和流程的集成提出了更高的要求,财务部门间信息化建设的分散将成为发展的制约因素。

2. 信息化认知程度在不同部门之间的差异

信息化时代信息技术的广泛应用,需建立在财务的各个领域对信息技术达成共识，并且基于这种共识共同推动信息化技术的基础建设上，在此基础上进一步架构不同业务应用场景。而如果财务的各个业务部门之间未达成同等层次的共识，则会造成不同部门在技术路径选择、资源投入等方面产生分歧。当然，分歧的产生并不是一定会阻碍财务向信息化道路的迈进，但必然在这个进程中带来更多的争议和损耗，并最终造成这一进程的放缓。也不排除在极端情况下，因为分歧过于严重，使得整件事情回归原点。

（二）科技部门内部信息化协同面临的挑战

科技部门内部同样存在着信息化协同的问题。如果说财务的问题在于需求割裂和认知层次差异，那么科技所面临的是另一类协同问题。

1. 基于独立而非产品平台的后遗症

受到财务部门需求的影响，科技部门在建设系统时，往往也是根据财务的划分，建立了一个个不同的、独立的系统，在进行集成的时候，不同的系统之间进行数据的交互打通。在这种模式下，科技部门内部往往会为每个系统配备相对独立的项目团队。而由于财务部门本身缺乏统筹，科技部门内部也容易放任各财务系统的项目团队各自发展，并最终造成割裂。在这种情况下，就会产生后遗症。由于每个系统都是各自打地基的，地基之间无法打通，这造成各个系统的风格不同，系统管理方式不同，并导致用户体验差，且系统维护困难。而更严重的是，科技部门各个项目团队之间缺乏技术交流，一项新技术在某一系统应用后，其他系统团队毫不知情，更不要说技术共享了，这与信息化时代高频技术革新的需求格格不入。

2. 新技术团队与传统财务科技团队的割裂

不少公司对信息技术的研发往往并不是从财务开始的，更多的技术是为了满足业务场景研发出现的。一些企业在进行了大量业务场景的实践后，做了技术提炼，并构建了信息化技术的各类实验室，如大数据实验室、区块链实验室、人工智能实验室等。而这些实验室在形成通用的技术基础后，又进一步反哺业务场景。在这个循环中，很遗憾的是，作为服务于后台业务的财务科技团队往往成为局外人。科技部门内部前后台团队的割裂，以及新技术实验室和传统实验团队之间的割裂，都可能让财务无法分享到最新的技术成果。

（三）财务部门与科技部门之间信息化协同面临的挑战

第三个协同挑战来自财务部门与科技部门之间。财务部门与科技部门之间本身存在着体系级协同的问题，二者是需求和实现的关系，在这个过程中必然容易出现协同的挑战。

1. 需求场景和技术对接渐行渐远

财务部门与科技部门之间对接的关键在于如何把业务需求转换为系统实现的语言。在传统的财务信息化阶段,这一直就是让人纠结的问题。很多企业的财务部门不了解科技部门的思维方式,而科技部门也难以理解财务和会计的语言,导致二者之间的需求转换往往会出现偏离。好在不少企业意识到了这个问题,并设法在二者之间设置了衔接团队,进行业务需求的转换。

但在信息化时代,原本设置的衔接团队会面临更大的挑战。一方面,财务的衔接团队会发现,基于信息技术的需求场景的挖掘更加困难,由于对新技术的理解不够深刻,往往对这些信息技术能够做什么没有吃透,在这种情况下,显然更难以想清楚能够解决怎样的业务问题了;另一方面,科技部门也更容易沉迷于对技术本身的研发,成为"技术控",反而忽视了对财务应用场景的支持,就技术论技术,难以结合业务实际。这两个方面的问题最终造成需求场景和技术对接渐行渐远。

2. 条状对接和技术平台发生冲突

前面谈到,如果科技部门的组织设置与分散的财务模块相匹配,就会带来科技部门内部的协同问题。而如果仅仅科技部门单方进行努力,将其内部的团队割裂打通,形成技术平台,那么即使有所进步,也还是没有从根本上解决问题,反而会进一步引发新的问题,造成来自财务部门的条状需求和科技部门平台建设之间的冲突。

在科技平台化、财务分散化的模式下,财务信息化建设仍然分散在各个不同的财务部门内,而相关业务需求的提出是以各个财务部门向科技部门进行条状传达的。在这种情况下,已经实现了平台化的科技部门在面对这些时间不一、规划不一、深浅不一的需求时就会面临新问题。由于无法进行像之前独立系统团队模式下的自主响应,科技部门内部需要对接收到的需求进行统筹评估,需要向需求方反馈平台的统一规则,并引导需求方去接受平台的约束。这一过程往往也伴随着大量的沟通和冲突。

(四)集团与业务单元之间信息化协同面临的挑战

和前面所关注的财务与科技之间的关系不同,集团和业务单元之间的信息化协同问题体现在了更高层面上。

1. 标准化和个性化的冲突

对于集团企业来说,如果财务信息化有条件构建在一个相对标准化的架构之上,那么这是一件好事情。在实践中,也有很多企业集团一直致力于实现这样的大集中架构模式。但是对于具有多元化特征的企业集团来说,要做到这一点极其不易。集团内部的业务单元有其各自的业务发展诉求。特别是对于多元化集团来说,不同业态下的业务单元其个性化诉求尤为强烈。在这种情况下,要在集团层面建设一个相对标准化的平台来满足不同业态的个性化需求,就会造成集团标准化和业务单元个性化诉求之间的冲突。如果一味地满足集团的需求,业务单元的发展就会受到影响;而如果完全满足业务单元的诉求,对集团管控也会带来显著的伤害。如何平衡二者之间的关系,构建能够同时解决标准化和个性化诉求的平台成为核心问题。

2. 渐进和突发的冲突

在财务信息化建设的节奏上,对于集团来说,往往希望能够遵循所制定的计划,有条不紊地完成信息化建设。而对于业务单元来说,很多时候信息系统的建设需求存在突发性,往往为了解决业务痛点,需要进行紧急的系统建设。在这种情况下,对于集团来说,渐进的节奏会受到突发情况的冲击,如果无法及时对业务单元进行响应,则会加剧二者之间的冲突。而如果业务单元一味地强调自身的突发性,不考虑整个集团信息化建设的节奏,也会带来问题。渐进和突发的冲突是在集团企业信息化、智能化建设中不得不面对的挑战。

3. 在信息上二者之间穿透和独立的冲突

集团和业务单元之间还面临着信息"穿透"和"独立"诉求的冲突。对于集团管控来说,实现对业务单元的信息穿透是信息系统建设的重要诉求,要做到这一点,大集中的财务信息化建设模式是核心。但对于业务单元来说,保持其信息的独立性或私密性,也往往是其所希望做到的。二者之间的博弈关系一方面取决于集团管控的形态,另一方面也会夹杂着监管要求的影响。特别是对于上市公司来说,信息的独立性就存在监管要求,集团与业务单元在信息"穿透"和"独立"上的分歧或冲突是天然存在的。在刨除监管因素后,信息穿透力度更多的是取决于企业集团在管控模式上对业务单元的控制力度。

二、信息化时代财务信息化协同体系

在信息化时代,我们将面对比在传统财务信息化模式下更加复杂的协同关系和协同挑战。对于我们来说,更加重要的是如何在困难和挑战面前积极应对,并有效地构建一套更加高效的财务信息化协同体系。在这里,我们从四个方面对智能时代财务信息化协同体系提出设想。

(一)在财务系统中构建统一的信息化中枢

对于财务组织内部来说,要打破信息化的建设边界。打破边界的方法可以考虑在财务体系中构建统一的信息化中枢,这个信息化中枢可以是实体组织,也可以是虚拟组织。实体组织可以体现为财务信息化团队或部门的形态,如某领先互联网企业内部设有财经 IT 部、某大型国有商业银行有会计信息部这样的组织,这些实体化的专有组织能够在财务体系内部起到统筹协调的作用。而对于没有条件设立统一财务信息化团队的企业来说,可以考虑设立虚拟机构,如设置财务信息化管理委员会之类的跨部门统筹组织。尽管它在力度上弱于实体组织,但也能够起到一定的统筹协调作用,并且在财务信息化架构搭建和重大项目的推进过程中发挥重要作用。

(二)构建面向财务的科技团队和架构的私人定制

对于科技部门来说,要实现与财务的紧密协同,应当考虑构建面向财务提供服务的专属团队。在这样的专属团队中,应当从组织架构上打破传统按业务模块独立设置团队的模式,构建能够更好地匹配未来的平台化架构,包括专属需求分析团队、架构师团队、公用平台研发团队和场景实现团队面向财务的私人定制。需求分析团队应当能够有效支撑信息技术与财务需求团队的对接;架构师团队能够站在产品化和平台化角度科学构建财务信息化架构;公用平台研发团队应当能够打通财务各业务模块的底层,对可公用的技术功能进行组件化研发,并实现在不同业务场景中的应用;而场景实现团队则在公用平台的基础上,针对不同的业务场景需求来进行技术实现。通过这样一个平台与定制化相结合的科技团队组织来实现对财务信息化的有力支持。

(三)科技内部市场化实现新技术引入

对于科技内部各类"黑科技实验室"之间的协同,不妨考虑引入市场化机制。由于各类"黑科技实验室"主要的服务对象是企业的业务场景,而对于作为后台的财务场景来说,要想获得大力度的支持并不容易。在这种情况下,引入市场化机制,通过内部交易的形式,向"黑科技实验室"付费购买相关技术支持,能够充分调动"黑科技实验室"协同的积极性,也能够更好地从机制上让财务和业务站在同一条起跑线上。当然,并不是所有企业都有条件去建立内部市场化机制,必要的时候,寻求行政命令资源的支持也是可行之路。

(四)集团推行产品平台并定义自由度

对于集团企业来说,要满足标准化与个性化的平衡,不妨考虑将集团自身视为财务信息化产品的提供商,在集团层面构建基于产品化理念,设计信息化平台。在产品的设计过程中,集团应当充分引入业务单元来进行产品化需求的论证和设计,通过大量的调研形成需求,并最终搭建平台。各个业务单元在实际部署信息化时,集团将其当作一个产品客户,通过进一步的需求调研,引入实施方法论,在产品化平台的基础上进行配置实施和少量且可控的定制化开发。

通过这种模式,集团财务能够搭建一个开放式的财务信息化产品平台,并借助平台实现管理的标准化和自由度的定义。在财务信息化进程中,财务与科技的协同是一个技术与艺术并存的话题,找到合适的平衡点、实现双赢是财务信息化之路成功的关键。

信息化时代财务管理的基础是信息技术,对于财务来说,好的技术平台的支撑,能够帮助我们在信息化道路上走得更远,也能够让我们有更多的机会去实践财务创新。而在这个过程中,传统的财务信息化支持人员已经难以满足要求,我们需要信息化时代的财务管理人才,来陪伴我们共同走上财务信息化管理之路。

三、什么是财务管理人才

要知道如何成长,就先要搞明白什么是财务管理人才,财务管理人才也可以称为财务产品经理。其实对于财务来说,产品经理这个概念本身是陌生的,更不要提财务产品经理、信息化财务产品经理了。所以,我们有必要一起来把这个概念先谈清楚。

(一)从产品经理的概念说起

产品经理就是负责设计并持续改进这个工具的人。从这个角度看,产品经理是随着产品形态的演变而发展的。在初期,产品主要是实体化的,例如家庭中的电视、洗衣机等都是实体化产品,产品经理的角色就是管理这些实体产品的整个生命周期,从概念提出到设计、生产、营销、销售、配送、服务等全过程。然而,随着社会的进步,产品的形态也在变化,能解决问题的不仅仅是实体,优秀的创意和管理方法也可以被视为产品,产品经理的角色不再局限于"理工男"。特别是在信息技术和互联网迅速发展的背景下,软件产品和互联网产品迅速崛起,面向软件和互联网的产品经理成为关键人群。然而,无论哪种类型的产品或产品经理,其本质都是相同的。优秀的产品经理的价值体现在制造出能解决问题、使客户满意的好产品上。这样的产品经理可能会面临以下工作。

1. 从各种各样的需求和想法中找到要解决的问题,以及相匹配的产品方向;

2. 为产品做一个长期的布局和规划,知道什么时候该走到哪里;

3. 进行产品设计,参与产品的开发、测试和上线;

4. 参与产品推广方案的设计,用营销思维让客户接受这个产品;

5. 积极进行产品培训和用户支持,得到更多改善产品的反馈;

6. 关注市场动态和竞争对手,随时进行产品规划的调整。

如果能够做到以上这些,那么说明你已经成为一名符合当下时代要求的合格的产品经理了。

(二)产品经理和工程师的差别在哪里

产品经理和工程师是两个容易混淆的概念,二者之间有一定的交集和相似之处。理解二者的差别,有助于我们更好地认识产品经理的角色和定位。

产品经理的定位是从架构、功能和逻辑层面去设计一个系统,并关注这个系统能够为用户解决怎样的问题,高度关注用户的体验,力求做出让用户用起来舒服、能解决问题的好产品。而对工程师尽管也有类似的要求,但其更侧重于技术研发,而较少关注这些技术可能带来怎样的应用场景。这两种定位在企业内的强弱甚至可以影响组织的文化。对于产品团队来说,产品经理和工程师都是这个团队的构成部分,团队中还会包括设计人员、测试人员、营销人员、项目经理等角色。产品经理往往在大的产品团队中还承担着角色补位的身份,在正常情况下,产品经理和这些角色各司其职,形成良好的协作关系,而在某些角色出现短板的时候,产品经理是这个团队中最合适的补位者,这也是为什么我们说产品经理的工作视野应当覆盖产品全生命周期的原因。

(三)财务产品经理的定位

当理解了产品经理这个概念后,我们再来看一看财务产品经理应该有怎样的定位。

首先,财务产品经理应当是财务组织中的一分子,其核心职能是设计财务信息系统来解决财务工作中各类业务场景所遇到的问题。因此,将财务产品经理设置于财务团队内部能够更好地发现用户的问题,并设计出更有针对性的产品解决方案。

其次,财务产品经理应当将主要精力放在搞明白需求、设计出用户体验卓越的好产品上。同时,充分挖掘工程师们的黑技术,把好的技术应用到财务场景中。财务产品经理既不应当越位工程师的角色,也不应当任由工程师团队替代。

最后,我们也要意识到,财务业务人员并不适合在没有经过充分训练的情况下直接成为财务产品经理。财务产品经理是一个复合型人才的角色,其核心能力在于财务知识与技术能力的有机融合。纯粹的业务人员来设计产品会缺少全局观,难以把握架构和流程,并在与工程师的对接过程中出现翻译的偏离。

四、信息化财务产品经理的特质

(一)新技术的敏感性

作为应用技术解决财务问题的财务产品经理,对技术的敏感性至关重要。尤其是在信息化时代,技术迅速发展,对这种能力的需求更为突出。实际上,在传统的财务信息化时代,技术发展相对稳定,从计算机技术的出现到互联网、移动互联,大约二十年的时间,我们可以以较轻松的节奏面对技术变化对财务的影响。至少在今天,有许多企业才刚刚开始实施十年前的财务技术手段。然而,在过去的两三年和未来的五年中,技术的多样性和创新将层出不穷,成为常态。如果仍然按照之前的节奏面对,可能会错失大量提升财务效能的机会。在职业生涯中难得的时代跨越期,每一个财务产品经理都应具备高度的技术敏感性,把握时代赋予的机会。

(二)新技术的财务场景化能力

对于财务产品经理来说,一旦敏锐地捕捉到新技术的出现,最重要的一件事情就是能否将这些新技术用于解决实际的问题,也就是这里要说到的新技术的财务场景化能力。实际上,业务问题出现的载体是业务场景,空谈一项技术是没有任何意义的。但作为财务产品经理,能够识别出业务部门的痛点,抽象出业务场景,分析出什么样的技术能够解决怎样的场景问题,那么其就是一个高水平的产品经理。

对于如何形成这样的能力,财务产品经理不妨借鉴前面章节中所谈到的创新方法。其中,关联创新有助于我们在财务和技术结合的边缘迸发出新的想法。

(三)产品化和平台化架构能力

在传统的财务信息化模式下,由于技术变化相对缓慢,高度定制化的信息系统也能够满足不少的用户需求,且保持稳定性。但随着信息化时代的到来,技术的加速革新,缺乏扩展性的定制系统将难以承载业务需求,产品化和平台化成为趋势。

对于财务产品经理来说,产品化和平台化架构能力的形成并不是那么容易的。在传统模式下,只需要就问题解决问题,用西医的方法就足够了;而在产品化和平台化架构下,需要用中医思维来解决问题,能够站在一定的高度上对财务信息化产品中各个功能组件和关联关系进行具有前瞻性的规划,并能够在技术实现上植入充分的可配置性和扩展性。这种能力的形成无论在专业上还是在思维能力上,都对财务产品经理提出了更高的要求。

(四)产品价值挖掘能力

在信息化时代,好的产品经理不能仅仅技术过硬,还需要会讲故事。对于所负责的产品,能够充分挖掘产品的价值,并与产品的相关方达成共识;能够更好地获得资源保障,更好地获取用户的信任并形成更可靠的需求;更好地获得管理层的支持,保障产品设计最终落地。

在通常情况下,信息化时代的财务产品经理应当能够讲清楚产品实现成本、效率、风险或管控、决策支持、用户体验等方面的价值。通过这一系列的价值共识,把产品推入高速发展的轨道。

五、如何从财务 IT 成长为信息化财务产品经理

(一)专业深度的成长

专业深度至关重要。在信息化时代,若要成为称职的产品经理,就需要进一步加强技术知识的储备。当然,这种加强并不意味着需要达到工程师的水平,而是在现有的运维、需求分析能力基础上,补充新技术领域的相关知识。正如前面章节中多次强调的,需要对大数据、云计算、机器学习、区块链、物联网等新的技术概念有所认识,理解这些概念的本质逻辑,了解工程师如何应用这些技术,以及在应用这些技术时需要具备哪些基础能力。这将有助于信息化产品经理更好地把握产品方向,更合理地向工程师提出产品要求。

同时,专业深度还体现在对产品化、平台化架构方面的知识体系的完善上。虽然相关具体工作将由科技部门的架构师团队来完成,但作为产品经理,需要有能力判断和评价架构师的设计,并有能力参与相关架构设计工作。在专业深度方面,还需要关注 IT 管理的相关内容,这对于可靠地管理产品从规划到实现,以及后续的稳定运营有很大帮助。在 IT 管理方面需要关注的内容包括:IT 规划管理、IT 获取与实现管理、IT 服务管理、IT 治理管理、IT 风险管

理、信息安全管理、IT 绩效评价，以及灾难恢复和业务持续性管理等内容。

（二）专业广度的成长

专业的广度。对于财务产品经理来说，要打造出信息化时代的财务好产品，就必须能够更加深入地承担起业务场景与信息技术相结合的中间角色。这个中间角色在业务层面要求财务产品经理具有更加广阔的专业视野。

财务产品经理应对财务的各业务领域有广泛的了解，如核算、预算、资金、管会、经营分析、税务、共享等。具备了这些财务专业范围内的广度认知，能够帮助产品经理实现第一个层次——财务各职能团队与科技之间的对接。

然而，财务产品经理不能仅仅满足于这个层次的专业广度，还需要进一步将视野扩大到各种前台业务中，需要覆盖公司经营的各类业务系统，并能够对业务与财务端到端的全流程数据流转和系统架构有所掌握。在这种情况下，才能更好地通过信息技术实现业务与财务的一体化。构建多层次、立体、具备专业广度的知识体系，对财务产品经理从初级向高级的成长至关重要。

（三）认知创新的成长

最后，财务产品经理的养成之路还需要认知创新能力的提升。对于产品经理来说，需要更多地去研究和学习创新的工具和方法。创新本身是一门科学，而并非守株待兔式的等待创意的过程。对于财务产品经理来说，要想培养出自身的创新能力，需要积累大量的跨界知识，而不仅仅是财务和科技类的知识。很多时候，创新的灵感来自貌似不相干的领域的突发刺激，当积累了足够广度的素材后，所谓的各种创新工具和方法才有可能发挥作用。

当然，实践是创新的根源，作为信息化时代的财务产品经理，需要积极地将想法付诸行动，哪怕是推演都能帮助我们加深思考，并在深度思考的过程中获得认知和创新能力的提升。财务产品经理的形成是一个迭代进化的过程，当明确了信息化财务产品经理是什么、需要怎样的能力和如何培养后，剩下的是需要我们在工作中不断地积跬步、至千里。

参 考 文 献

[1]李金蕊.大数据时代对于企业财务信息化建设的影响[J].产业创新研究,
　　2023(18):166-168.

[2]何季辉,戎思思.企业财务管理信息化协同模式研究[J].中国集体经济,
　　2023(27):129-132.

[3]黄倩.财务管理信息化视角下强化内部控制的探讨[J].商业观察,2023,9
　　(27):88-91+100.

[4]郭阿娟.财务管理转型下企业财务信息化系统现状及发展展望[J].商业观
　　察,2023,9(27):25-28+33.

[5]杜海曦.大数据时代企业财务管理信息化改革探讨[J].中国农业会计,
　　2023,33(18):45-47.

[6]傅晓洁.制造业数字化转型背景下财务信息化建设研究[J].中国市场,
　　2023(26):138-141.

[7]王艳.大数据背景下企业财务信息化、数字化发展策略探究[J].中国集体
　　经济,2023(26):138-141.

[8]李雪.国有企业财务管理信息化建设的探讨[J].中国集体经济,2023
　　(26):126-129.

[9]吴如云.浅析大数据环境下企业财务管理信息系统的应用[J].中国集体经
　　济,2023(26):134-137.

[10]张锋.大数据背景下企业怎样提升财务信息化建设[J].中国商界,2023
　　(09):129-131.

[11]陈研.基于财务信息化的企业业财融合问题及对策研究[J].商讯,2023
　　(18):13-16.

[12]李玲玲.关于提升现代企业财务管理信息化建设水平的路径探讨[J].质
　　量与市场,2023(17):52-54.

[13]彭文如.新时期中小企业财务管理内控对策探究[J].中国市场,2023
　　(25):136-139.

[14]袁珊.新时期事业单位财务管理信息化建设路径探究[J].财会学习,2023
　　(25):38-40.